兵庫 ぶらり歴史探訪ルートガイド

兵庫五国探訪の会 著

メイツ出版

Contents

TANBA
丹波

但馬 TAJIMA

その一
㉒朝来市生野町
鉱山と銀山まち回廊をめぐる …………… 102
①一里塚跡→②生野書院→③生野義挙碑→④生野まちづくり工房 井筒屋→⑤口銀谷銀山町ミュージアムセンター→⑥トロッコ道跡→⑦旧生野警察署→⑧寺町通り→⑨朝来市旧生野鉱山職員宿舎・志村喬記念館→⑩生野銀山

その二
㉓朝来市和田山町
天空の城・竹田城跡と城下町を散策 …………… 108
①竹田城跡→②情報館 天空の城→③旧木村酒造場EN→④寺町通り

その三
㉔豊岡市出石町
五万八千石の城下町・出石 …………… 112
①出石永楽館→②出石家老屋敷→③出石城跡→④辰鼓楼→⑤出石史料館→⑥出石酒造酒蔵→⑦宗鏡寺

淡路 AWAJI

その一
㉕南あわじ市
国生み神話ゆかりの地をめぐる（淡路島・南部編） …………… 116
①吉甚→②上立神岩→③梶八角井戸→④神宮寺→⑤おのころ神社→⑥沼島八幡神社→⑦自凝島神社→⑧自凝島庭園（伊藤邸の庭）→⑨天の浮橋→⑩葦原国→⑪屯倉神社跡→⑫大和大国魂神社→⑬産宮神社

その二
㉖淡路市・洲本市
国生み神話ゆかりの地をめぐる（淡路島・北部編） …………… 122
①絵島→②岩樟神社→③貴船神社遺跡→④伊勢久留麻神社→⑤伊弉諾神宮→⑥先山千光寺

兵庫五国の歴史探訪

全国で一番城の数が多い兵庫県は、まさに歴史の宝庫。平清盛、黒田官兵衛、大石内蔵助をはじめ、人気の高いゆかりの人物や国生み神話など、全国有数の歴史が兵庫から生まれています。本書では、摂津・播磨・丹波・但馬・淡路からなる「兵庫五国」の魅力あふれる歴史をテーマにコースを設定しました。五国それぞれに特徴があり、バラエティに富んだ歴史のおもしろさが体感できます。なかでも播磨と但馬、淡路はほとんどすべてが現在の兵庫県で、播磨が最大の面積を誇ります。国力も強く、城跡や戦跡など、歴史の舞台となった山や伝説の地が数多く残っていることから、コースは播磨、テーマは戦国時代から江戸時代が多くなっています。また近年、日本遺産に認定された「銀の馬車道」「北前船寄港地」「淡路国生み伝説の舞台」なども紹介しています。好奇心をくすぐる数々のエピソードに触れられながら、兵庫の歴史探訪をお楽しみください。

この本の使い方

原則的にコースのテーマやメインとなるスポットが隆盛を極めた時代を記載しています。

このコースで歩くエリアです。市・区・郡・町を記載しています。

スポット間の移動距離の合計を記載しています。

移動時間に各スポットでの見学時間などを加えた所要時間を記載しています。

入館料や観覧料など、このコースの中で必要最低限の金額を記載しています。交通費や飲食代などは含まれていません。

このコースの順路を紹介しています。実際にこのコースを歩いた時間と距離を記載しています。季節や天候などの条件や個人差がありますので、あくまでも目安とお考えください。

コース全体の見どころや順路を記載しています。

各スポットについて説明しています。休みは、定期休日のみ記載しています。無休となっていても、年末年始やお盆などは休みの場合があります。見学時間が不定の場合は記載していません。また、記載時間内であっても、施設の都合により見学できない場合がありますのでご注意ください。石碑や石像などは、特にデータを記載していません。

コースの施設以外に、「ここも寄りたい」「足をのばして」「ひと休み」「ゆかりのお土産」など、時間に余裕があれば立ち寄りたい場所などを紹介しています。

本書に記載のデータは、2018年6月現在のものです。各スポットの営業時間や休み、利用料金、交通事情などは、予告なく変更される場合がありますので、事前にご確認ください。

日本海
鳥取
京都
兵庫
岡山
播磨灘
大阪湾
大阪
香川
徳島
和歌山
淡路島
家島諸島
沼島
豊岡
養父
朝来
丹波
篠山
宍粟
西脇
加西
加東
三田
川西
たつの
小野
姫路
相生
三木
宝塚
伊丹
赤穂
高砂
加古川
西宮
尼崎
芦屋
神戸
明石
淡路
洲本
南あわじ
左図
㉔豊岡市出石町P112
㉓朝来市和田山町P108
㉒朝来市生野町P102
㉑丹波市柏原町P98
⑦川辺郡猪名川町P40
⑯たつの市P76
⑧川西市P36
⑨姫路市P44
⑲加古川市P88
⑫高砂市P58
⑪加古郡播磨町P54
⑥尼崎市P32
⑮赤穂市坂越P72
⑭赤穂市P66
㉖淡路市・洲本市P122
㉕南あわじ市P116
N
0
20km

⑳篠山市P92
篠山
たにがわ
ささやまぐち
舞鶴若狭自動車道
多可
加古川線
福知山線
西脇
⑰西脇市P80
にしわきし
加東
中国自動車道
三田
さんだ
新名神高速道路
小野
あお
⑱小野市P84
おの
⑬三木市P62
山陽自動車道
みき
三木
神戸淡路鳴門自動車道
④神戸市北区P24
ありまぐち
ありまおんせん
神戸電鉄
稲美
⑤神戸市灘区・東灘区P28
すずらんだい
しんこうべ
阪急電鉄
芦屋
③神戸市中央区P20
阪神電鉄
うおざき
さんのみや
神戸
こうべ
しんかいち
山陽新幹線
ひょうご
①神戸市兵庫区P8
にしあかし
あかし
わだみさき
⑩明石市P50
明石
山陽電鉄
山陽本線
すま
②神戸市須磨区P14
こうべくうこう
播磨灘
大阪湾
N
0
5km

平清盛ゆかりの大輪田泊と
幻の都・福原京を歩く

12世紀の終わりにわずか半年で幕をおろした福原京と、奈良時代から大輪田泊と呼ばれて栄えた兵庫の港の修築などにまつわる、兵庫区に残る平清盛ゆかりの地をめぐる。スタートの地下鉄大倉山駅西出口1を神戸文化ホールの東側から北へ進むと神戸大病院があり、構内で行った発掘調査で、立体駐車場内に平安時代の巨大な二重の壕の一部などが発見されたと記されている。有馬街道（国道428号）を渡ってしばらく進むと、福原遷都の際に安徳天皇の行在所となった①荒田八幡神社に着き、再び有馬街道に戻って北に進む。平野交差点の南側と南東角2カ所に清盛の像が建ち、交差点の東にあるトーホーストア平野祇園店の3階には、発掘調査でみつかった弥生時代と平安時代の遺構から出土した土器などを展示（平日11時～15時観覧可能）。交差点から北へ坂道を上ると②祇園神社が見えてくる。約90段の階段を上ると港まで一望できるこの場所で、経ヶ島築造の計画を練ったという清盛に思いを馳せたい。平野交差点まで戻り、西へ進むと清盛の別荘があったとされる③雪見御所旧跡がある。そこから20分弱南へ歩くと、平通盛などの石塔が建つ④願成寺に着く。ここから湊川駅、新開地駅方面へ、商店街を歩くのも楽しい。

（P10へ）

時代
平　安

探訪エリア
神戸市兵庫区

移動距離
約９km

所要時間
約５時間

費用
0円

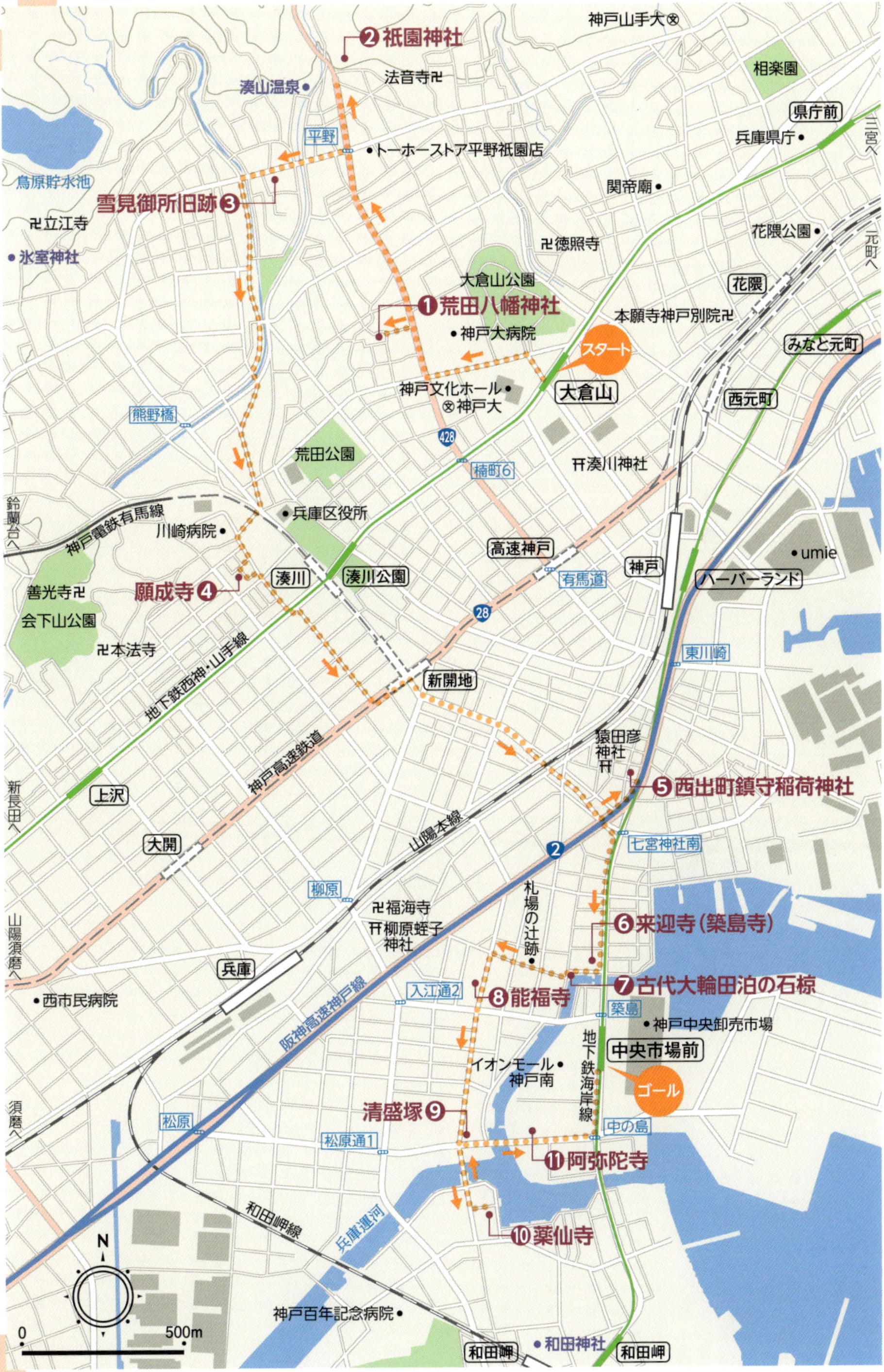

❷祇園神社
神戸山手大
相楽園
湊山温泉
法音寺
県庁前
兵庫県庁
三宮へ
平野
トーホーストア平野祇園店
烏原貯水池
雪見御所旧跡❸
関帝廟
立江寺
氷室神社
花隈公園
徳照寺
元町へ
大倉山公園
花隈
❶荒田八幡神社
本願寺神戸別院
神戸大病院
スタート
みなと元町
大倉山
西元町
神戸文化ホール
神戸大
熊野橋
428
荒田公園
楠町6
湊川神社
鈴蘭台へ
兵庫区役所
神戸電鉄有馬線
川崎病院
高速神戸
umie
湊川
湊川公園
有馬道
神戸
ハーバーランド
善光寺
願成寺❹
28
会下山公園
本法寺
東川崎
地下鉄西神・山手線
新開地
神戸高速鉄道
猿田彦神社
❺西出町鎮守稲荷神社
新長田へ
上沢
山陽本線
大開
2
七宮神社南
札場の辻跡
柳原
福海寺
柳原蛭子神社
❻来迎寺（築島寺）
山陽須磨へ
兵庫
❼古代大輪田泊の石椋
入江通2
❽能福寺
西市民病院
築島
神戸中央卸売市場
阪神高速神戸線
地下鉄海岸線
中央市場前
イオンモール神戸南
ゴール
須磨へ
清盛塚❾
中の島
松原
松原通1
⓫阿弥陀寺
兵庫運河
和田岬線
N
⓾薬仙寺
0
500m
神戸百年記念病院
和田岬
和田神社
和田岬

スタート

地下鉄 大倉山駅

約800m 徒歩10分

①荒田八幡神社

約1km 徒歩14分

②祇園神社

約550m 徒歩6分

③雪見御所旧跡

約1.4km 徒歩17分

④願成寺

約1.6km 徒歩20分

⑤西出町鎮守稲荷神社

約700m 徒歩10分

⑥来迎寺（築島寺）

約60m 徒歩1分

⑦古代大輪田泊の石椋

約550m 徒歩7分

⑧能福寺

約550m 徒歩7分

⑨清盛塚

約280m 徒歩4分

⑩薬仙寺

約550m 徒歩7分

⑪阿弥陀寺

約350m 徒歩4分

ゴール

地下鉄 中央市場前駅

新開地駅から南へ10分ほど歩いて国道2号を東へ曲がると、清盛の甥・経俊を供養する五輪搭が残る⑤**西出町鎮守稲荷神社**に着く。国道2号七宮交差点の横断歩道を七宮神社に向かって渡り、地下鉄が通る道を進むと築島橋の手前に⑥**来迎寺（築島寺）**、その向かい側に⑦**古代大輪田泊の石椋**がある。しばらく西へ歩くと見えてくる⑧**能福寺**の巨大な兵庫大仏は圧巻だ。能福寺から南へ進むと、清盛橋の手前に石造十三重塔の⑨**清盛塚**がある。清盛橋を渡って萱の御所跡の碑が残る⑩**薬仙寺**へ、清盛橋を来た方向に戻って東側の大和田橋を渡り、⑪**阿弥陀寺**へ。ここから5分ほど歩くとゴールの地下鉄中央市場前駅だ。駅直結のイオンモールには、発掘調査でみつかった兵庫城にまつわる資料や出土品などが展示されているので、時間があれば立ち寄りたい。

①荒田八幡神社

古くは高田神社と称されたが、すぐ西の宝地院内にあった八幡社を合祀して荒田八幡神社となった。付近に清盛の弟・頼盛の山荘があり、福原遷都の際、安徳天皇の行在《あんざい》所とされた。境内には安徳天皇行在所址の碑と、昭和55（1980）年に建てられた福原遷都八百年記念碑が建つ。

神戸市兵庫区 荒田町 3-99
078-511-2108 参拝自由

安徳天皇行在所址碑

②祇園神社

素戔嗚尊《すさのおのみこと》の分霊を姫路の広峰神社から京都の八坂神社まで運ぶ途中、この地で一泊したことから地元の人々が神の恩徳に感謝し、素戔嗚尊を祀ったことが始まりとされる。清盛が経ヶ島築城の際に、当時裏山にあったという潮音山上迦寺で海の音を聞きながら計画を練ったと伝わる。

神戸市兵庫区上祇園町12-1
078-361-3450
参拝自由

境内から兵庫の街を一望

③雪見御所旧跡

平安時代末期、大輪田泊を見渡す福原の地に平家一門が多くの邸宅を構えた。清盛がこの地に持っていた邸宅のうちの一つが雪見御所だという。明治38（1905）年、湊山小学校の校庭から庭石と思われる大きな石が掘り出され、雪見御所旧跡の碑が建てられた。（現在湊山小学校は祇園小学校に統合）

④願成寺《がんじょうじ》

観音寺と号する古寺で現在の烏山貯水池付近にあったが、衰退ののち法然上人の弟子の住蓮坊が中興し、願成寺と称するようになったと伝わる。明治期に現在の地に移った。寺内には、源平合戦で討ち死にした平通盛と妻・小宰相局《こざいしょうのつぼね》の供養塔などがある。

神戸市兵庫区
松本通2-4-11
078-511-2788

平通盛と小宰相局塔

⑤西出町鎮守稲荷神社

境内の一角に建つのは、一の谷の戦いの際、生田の森で戦死した清盛の甥・経俊（敦盛の兄）の供養塔。本殿には木製のビリケンさんも合祀され、境内にある石灯篭は、文政7（1824）年、高田屋嘉兵衛が献上したもの。この「高田屋嘉兵衛の献上灯篭」をはじめとする兵庫津にかかわる史跡が、平成30（2018）年、北前船寄港地として日本遺産に追加認定された。

神戸市兵庫区西出町680
078-681-2112　参拝自由

⑥来迎寺（築島寺）

かつては築島寺と呼ばれていた。清盛が経ヶ島を築造する際、なかなか進まない工事に、海神の怒りを鎮めるために人柱となった松丸王を弔う供養塔のほか、清盛の寵愛を受けた妓王と妓女の供養墓も残されている。

神戸市兵庫区島上町2-1-3
078-681-0397

⑦古代大輪田泊の石椋

大輪田泊は清盛によって修築され、日宋貿易の拠点となった。この巨石は、昭和27（1952）年の新川運河拡張工事の際に出土し、経ヶ島の遺材ではないかと考えられていたが、のちに遺構と建物の一部がみつかったことにより、古代石椋の石材と推定された。

石椋とは護岸設備の基礎としての石積みのこと

⑧能福寺

最澄伝教大師建立とされ、清盛が出家した寺であるともいわれる。治承5（1181）年に京で没した清盛の遺骨を寺の住職がこの地に持ち帰ったと語り、境内には清盛の公墓所、平相國廟が造られている。日本3大仏の一つ、兵庫大仏でも知られているが、初代大仏ができたのは明治24（1891）年で、港のランドマークとしての役割も果たしていた。

平相國廟

神戸市兵庫区北逆瀬川町 1-39
078-652-1715
10：00～16：00

⑨清盛塚

古くから清盛塚と呼ばれる県の重要文化財に指定された高さ約8・5メートルの石造十三重塔。かつては清盛の墓所ともいわれていたが、調査の結果墳墓でないことが確認され、現在地に移築された。石塔の横には、柳原義達氏作の平清盛像が建てられている。

清盛塚石造十三重塔

⑩薬仙寺

奈良時代に行基によって開山。境内には、清盛が後白河法皇を幽閉した地であるという萱の御所跡の碑や、後醍醐天皇御薬水・薬師出現古跡涌水の碑が残る。本尊の薬師如来像は、国の重要文化財に指定されている。

神戸市兵庫区今出在家町4-1-14
078-671-1696
9：00 ～ 17：00

後醍醐天皇御薬水・
薬師出現古跡涌水の碑

⑪阿弥陀寺

地中にある大石は、清盛が魚を供養するために建てた魚御堂の礎石と伝わり、湊川の戦いで足利尊氏が楠木正成の首改めをしたともいわれている。また、この大石は赤石で、明石の地名の語源となったという話が残る。

神戸市兵庫区中之島2-3-3-1
078-671-6206

魚御堂の礎石

ここも寄りたい

和田神社

古来より蛭子の森と呼ばれ、淡路から上陸した蛭子大神を祀る最古の場所。承安3（1173）年、清盛による経ヶ島築造の際、事業の無事と兵庫の繁栄を祈願して厳島神社より市杵嶋姫大神（弁財天）を勧請したとされる。

神戸市兵庫区
和田宮通3-2-45
078-652-1551
参拝自由

氷室神社

仁徳天皇の兄、額田大中彦皇子がこの地で狩りをして氷室をみつけ、その氷を天皇に献上したことから仁徳天皇を祀る。付近には清盛の弟・教盛《のりもり》の別邸があり、福原遷都時には、後白河法皇が幽閉された。平通盛と小宰相局の別れの地ともいわれる。

神戸市兵庫区
氷室町2-15-1
078-531-2833
参拝自由

ひと休み

湊山温泉

清盛の時代からあったといわれ、800年以上湧き続けているという。泉源は無色透明で、炭酸ガスが細かく泡立つ。ウォーキングの後に立ち寄りたいレトロな温泉。

神戸市兵庫区湊山町26-1
078-521-5839
5：00 ～ 22：30（最終受付22：00）
水曜休み（祝日の場合は翌日）
入浴料大人680円
（5：00 ～ 8：00は500円）

丹波
但馬
播磨
淡路
SETTSU
摂津
その二

風光明媚な須磨の地に残る
源平合戦の悲話と歴史

万葉集の時代から風光明媚と謳われた須磨は、源平の古戦場としても知られている。治承4（1180）年、平清盛は福原遷都を敢行するが、わずか半年で都を京都に戻し、翌年亡くなった。源義仲の進撃により平家は都を離れるが、源氏の分裂を知って再び兵庫に入り、生田の森から一の谷にかけて陣をはる。しかし、義仲を滅ぼした源氏に攻め入られた平家は、寿永3（1184）年、一の谷の戦いによって敗れ、四国・屋島へと逃れる。この一の谷の戦いは、義経による鵯越の坂落とし（逆落とし）や平敦盛と熊谷直実の悲話など、数多くのエピソードを残した。これを契機に平家は滅亡へと進み、壇ノ浦で最後を迎えることとなる。この一の谷の戦いの舞台となったのが現在の須磨浦公園付近で、周辺には源平にまつわる史跡が数多く残る。『平家物語』にも描かれ、語り継がれるこれらの歴史に思いを馳せながら、須磨の地を歩く。

山陽須磨浦公園駅から国道2号を西に進むと、平敦盛の供養のために建てられたという五輪塔①**敦盛塚**がある。再び駅の方向に戻り②**須磨浦公園**を東へ進む。須磨浦公園の南には国道2号、それに沿ってJR神戸線が走る。北に山、南に海が広がるこの辺りは神戸の中でも、海までの間隔が最も狭い。公園なかほどか

時代
平　安

探訪エリア
神戸市須磨区

移動距離
約6km

所要時間
約4時間

費用
0円

らみどりの塔を越えて一の谷に向かう途中に③**源平史跡 戦の浜碑**がある。須磨浦公園を抜けて国道2号を東へ進む。山陽須磨駅を越えて千守交差点の手前に④**村上帝社**があり、北に進むと⑤**関守稲荷神社**に着く。その東にある⑥**現光寺（源氏寺）**は光源氏の住居跡と伝えられる。さらに東に進むと⑦**平重衡とらわれの松跡**があり、山陽電鉄の踏切を渡って⑧**元宮長田神社・菅の井**へ向かう。旧西国街道を国道2号方面へ南下すると⑨**諏訪神社**があり、道路を挟んで東側に位置する⑩**綱敷天満宮**は、全国に一万社ある天満宮の二十五霊社に数えられる古い歴史をもつ。再び旧西国街道を北上して踏切を渡り、⑪**頼政薬師寺（浄福寺）**へ。須磨寺前商店街を通り抜けて、コースのメインともいえる⑫**須磨寺**へ向かう。源平にまつわる史跡が数多い須磨寺では、時間に余裕をもちたい。

スタート
山陽須磨浦公園駅

約180m　徒歩3分

①敦盛塚

約400m　徒歩5分

②須磨浦公園

約350m　徒歩4分

③源平史跡 戦の浜碑

約1km　徒歩12分

④村上帝社

約140m　徒歩2分

⑤関守稲荷神社

約250m　徒歩3分

⑥現光寺（源氏寺）

約240m　徒歩3分

⑦平重衡とらわれの松跡

約160m　徒歩2分

⑧元宮長田神社・菅の井

約450m　徒歩5分

⑨諏訪神社

約240m　徒歩3分

⑩綱敷天満宮

約450m　徒歩6分

⑪頼政薬師寺（浄福寺）

約550m　徒歩7分

⑫須磨寺

約600m　徒歩7分

ゴール
山陽須磨寺駅

①敦盛塚

平敦盛は清盛の弟・経盛の末子で、一の谷の戦いで討たれた。この五輪塔は京都・石清水八幡宮の航海塔（高さ6メートル）に次いで日本で2番目の高さ（4メートル）を誇り、敦盛を供養するために建てたといわれる。昭和60（1985）年に行った発掘調査で、埋没した地輪の下に基壇遺構がみつかったため、基壇遺構より上が露出するように積みなおした。平成9(1997)年、市の有形文化財に指定。

1830年代出版のシーボルト著『日本』に、須磨寺境内のイラストとともに、この五輪塔が描写されている

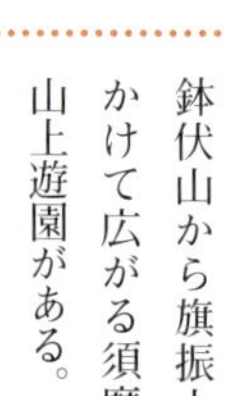

神戸市須磨区一ノ谷町4-1-24
終日　無料

震災で落下したみどりの塔の地球儀

②須磨浦公園

鉄拐山、鉢伏山の傾斜地、海岸沿いの松原から形成される約100ヘクタールの公園。源平の古戦場として名を馳せ、桜の名所としても知られる。山と海、緑と花が美しいこの地で数々の句が詠まれ、芭蕉や蕪村などの句碑が点在している。須磨海岸の松は一様に京の方向に傾いて生え、磯馴松《そなれまつ》といわれている。須磨浦公園駅からロープウェイで約3分上ると、鉢伏山から旗振山にかけて広がる須磨浦山上遊園がある。

源平合戦800年記念碑

③源平史跡 戦の浜碑

鉄拐山と高倉山の間を流れる渓流沿いが一の谷で、ここから西一帯の海岸が源平の一の谷の戦いの舞台となったことから「戦の浜」といわれている。戦いがあった2月7日の夜明けには、毎年軍馬のいななきが聞こえると伝わっている。

④村上帝社

平安時代の琵琶の名人で、元太政大臣の藤原師長《もろなが》が南宋（中国）に渡るために須磨まで来たが、琵琶と琴の名人である村上天皇と梨壺女御の神霊が現れて琵琶の奥義を授けたため、中国行きを取りやめて帰京した。村上天皇にまつわる伝説が残ることから、村上天皇を祀る神社とした。参道の角にある古い標石には「村上帝社琵琶達人師長」と刻まれている。

謡曲『玄象／絃上（玄上）』の解説板がある

神戸市須磨区須磨浦通 4-8
参拝自由

⑤関守稲荷神社

須磨の関は摂津の関のことで、この関の守護神として祀られたのが、関守稲荷神社だと伝わる。現光寺（源氏寺）で掘り出された「川東左右関所跡」と刻まれた石標が建てられており、須磨の関跡の地は現光寺その他、諸説あるという。境内には平安末期の歌人・源兼昌が「淡路島かよう千鳥の鳴く声に行く夜目覚めぬすまの関守」と詠んだ、百人一首でも知られる歌の碑がある。

神戸市須磨区関守町 1-3-20
078-735-8735
参拝自由

現光寺でみつかった石碑

⑥現光寺（源氏寺）

紫式部によって書かれた『源氏物語』の主人公である光源氏が京都から須磨に退去した際に侘び住まいをしていたと伝わり、源氏寺とも呼ばれていた。平成15年（２００３）年に再建された石碑には、『源氏物語』の須磨の巻の一節が書かれている。境内には、松尾芭蕉や正岡子規の句碑がある。須磨の関跡であるという説も残る。

神戸市須磨区須磨寺町
1-1-6
078-731-9090

正岡子規の句碑

⑦平重衡《しげひら》とらわれの松跡

源平合戦の際に、清盛の五男・重衡が生田の森から須磨まで逃れてきたが、源氏方に捕われてしまう。松に腰掛け無念の涙を流す重衡を哀れに思った村人が濁り酒を勧めたところ、喜んだ重衡が「さきほろや波ここもとを打ちすぎて須磨でのむこそ濁り酒なれ」と詠んだと伝わる。のちに重衡は鎌倉に送られ、奈良で処刑された。

⑧元宮長田神社・菅の井

西須磨村の氏神は長田神社で、長田まで参っていたが遠いため、旧家前田家の邸宅内に分社したと伝わる。この一角は旧西国街道沿いで、大宰府に左遷される菅原道真が須磨に立ち寄った際の名残を残す菅の井、菅公お手植えの松などが、保存・復元されている。

神戸市須磨区天神町5-2
参拝・見学自由

⑨諏訪神社

ご祭神は建御名方神《たけみなかたのかみ》で、日本三大軍神の一柱。狩猟や農業の守護神で、社殿が東を向いていることから東向明神ともいわれ、「諏訪」が訛って「須磨」の地名がついたという説もある。

神戸市須磨区須磨本町1-1-44
参拝自由

⑩綱敷天満宮

菅原道真が大宰府に左遷された際、波風を避けて須磨に立ち寄り、土地の漁師たちが漁網の網で作った円座で休んだことが、創建の由来と伝わる。境内には「五歳の菅公像」や「菅公母子像」をはじめ、道真が休んだ漁網の円座を模した「綱敷の円座」や願いをかなえる「なすの腰かけ」などの縁起物がたくさんある。

綱敷の円座

なすの腰かけ

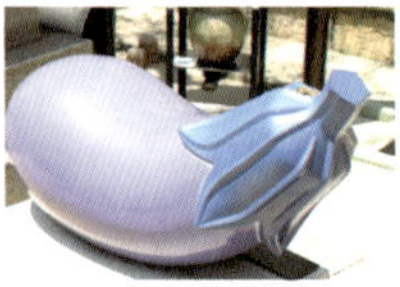

神戸市須磨区天神町
2-1-11
078-734-0640
参拝自由

⑪頼政薬師寺（浄福寺）

西須磨の旧家前田氏が須磨寺の末寺として建立。寺号は浄福寺だが、聖徳太子作と伝わる薬師如来像を本尊とし、源頼政が再興したことから、頼政薬師寺と呼ばれている。阪神・淡路大震災によって倒壊するが、平成11（1999）年に再建された。

神戸市須磨区桜木町1-4-6
9：00～17：00

⑫須磨寺

聞鏡《もんきょう》上人が光孝天皇の勅命で、聖観世音菩提像を本尊として祀ったのが始まりとされる。正式名は上野山《じょうやさん》福祥寺だが、古くから須磨寺の名で親しまれてきた。源平にゆかりの深い古刹で、寿永3（1184）年、源平による一の谷の戦いの地にもなった。「源平の庭」は平敦盛と熊谷直実の一騎打ちを再現したものだ。源氏の熊谷直実が逃げ遅れた敦盛の首を討とうした瞬間、自分の息子と同じ年ごろであろう敦盛の顔を見て胸が痛むが、味方の武士が近づく気配を感じ、涙をのんで敦盛の首を落としたという。『平家物語』にも描かれ、この「敦盛最期」が多くの涙を誘った。偲んだ文人たちが須磨寺を訪れて句碑を残している。須磨寺の広大な敷地内には、弁慶の鐘や平敦盛の首塚、敦盛首洗池、義経腰掛の松など、源平ゆかりの史跡が数多く残る。青葉の笛と呼ばれる敦盛が愛用していた笛は、宝物館に展示されている。

青葉の笛

敦盛首洗池と義経腰掛の松

平敦盛の首塚

弁慶の鐘

神戸市須磨区須磨寺町4-6-8
078-731-0416
拝観自由

ゆかりのお土産

敦盛団子

120円

須磨寺前商店街にある創業140年を超える老舗和菓子店。源平にちなんだ「敦盛団子」が有名で、ほんのり甘い団子に上質の抹茶とシナモンの味を効かせている。やわらかいヨモギ生地の「大師餅」や須磨の一弦琴がモチーフの焼菓子「須磨琴」もおすすめ。

御菓子司 大師餅本舗

神戸市須磨区須磨寺町2-2-5
078-731-0168
9：00～17：00
月曜休み（祝日の場合は翌日）

ここも寄りたい

智慧の道

弘法大師と菅原道真は日本が生んだ平安時代の天才と呼ばれ、それぞれを祀る須磨寺と綱敷天満宮を結び、須磨寺前商店街を通る道が「智慧の道」と呼ばれ、親しまれている。商店街北側のお大師広場横に石造りの「智慧の輪」が設置されている。

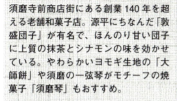

神戸開港と外国人居留地の歴史

異国情緒あふれる神戸の街

神戸の観光名所として全国的に有名な北野異人館。JR三ノ宮駅の北側に位置する北野町一帯は古代から存在し、江戸時代は農村だったと記録に残る。慶応3年12月7日（1868年1月1日）の神戸開港にあわせて外国人居留地の建設を進めていたが、居留地の完成が遅れたため、北野を含むエリアに、外国人が日本人と混住する雑居地を設けた。雑居地はほかの港にはない神戸特有のもので、北野は日本人と外国人がともに暮らす町となり、ここから神戸っ子のハイカラな気質や文化が生まれたともいえる。神戸の長い歴史とともに、平成7（1995）年の阪神・淡路大震災の傷跡と復興の足跡をたどって北野異人館から旧居留地を歩く。駅から北野坂を上って明治36（1903）年に建てられた①**萌黄の館**、レンガの外観②**風見鶏の館**、北野町の地名の由来となった③**北野天満神社**へと向かう。石畳の小路を歩き、おらんだ坂を上ると④**うろこの家**に着く。再び北野坂を下って山手幹線を西に曲がり⑤**生田神社**へ、生田筋を南へ下って⑥**三宮神社**へ。そのすぐ南が地下鉄海岸線旧居留地・大丸前駅で、古いビルが点在する⑦**旧居留地**だ。京町筋沿いにある神戸市立博物館は、昭和10（1935）年に建てられた旧横浜正金銀行神戸支店。東へ進むと⑧**東遊園地**が見えてくる。

時代
明治～現代

探訪エリア
神戸市中央区

移動距離
約5km

所要時間
約4時間

費用
1,700円

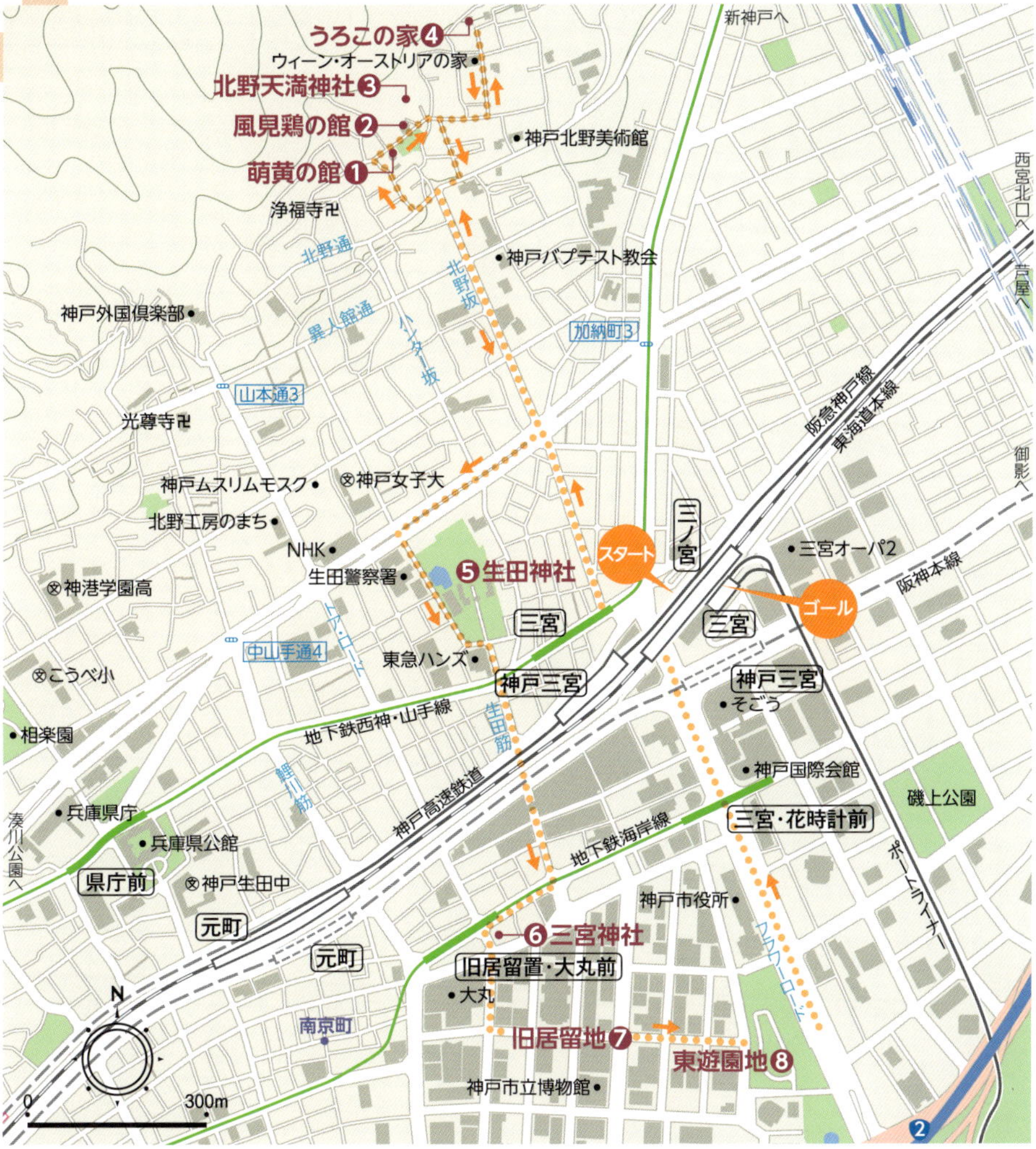

スタート
JR 三ノ宮駅
阪神・阪急 神戸三宮駅
地下鉄 三宮駅

約1km……徒歩13分

① 萌黄の館

約40m……徒歩1分

② 風見鶏の館

約100m……徒歩2分

③ 北野天満神社

約200m……徒歩4分

④ うろこの家

約1.1km……徒歩14分

⑤ 生田神社

約650m……徒歩8分

⑥ 三宮神社

約150m……徒歩3分

⑦ 旧居留地

約500m……徒歩6分

⑧ 東遊園地

約900m……徒歩11分

ゴール
JR 三ノ宮駅
阪神・阪急 神戸三宮駅
地下鉄 三宮駅

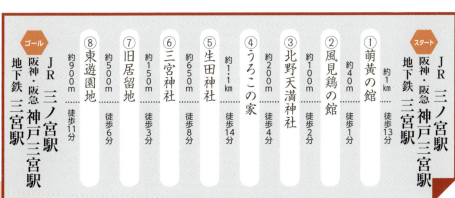

①萌黄の館

明治36（1903）年、アメリカ総領事のハンター・シャープ氏の邸宅として建築。下見板張りでベランダがある形が神戸の異人館の特徴で、張り出し窓や意匠を凝らしたマントルピースなど、内装も凝っている。代替わりを重ね、昭和19（1944）年に小林氏の所有となり、現在は（一財）神戸観光局が管理。昭和62（1987）年の大修理では、建築当初の淡いグリーンの外壁を復元するなど、元の形に近づけた。昭和55（1980）年、国の重要文化財に指定。

神戸市中央区北野町3-10-11
078-222-3310
9：00～18：00（入館は～17：45）
2月第3水曜と翌日休み
入館料350円
（萌黄の館・風見鶏の館の2館券650円）

②風見鶏の館

明治42（1909）年頃に建てられたドイツ人貿易商ゴットフリート・トーマス氏の邸宅。木造2階建てで、北野異人館で唯一のレンガ張りの外観。ドアの取手や曲線を表したシャンデリアなど、アールヌーボーの装飾で重厚な雰囲気が漂う。その後、トーマス氏一家は9年間の居住ののちに帰国。月日が流れ、昭和52（1977）年のドラマ化による報道で娘・エルザさんと連絡が取れ、65年ぶりに来日。エルザさん所有の資料や写真をもとに、昭和58（1983）年から1年4カ月かけて復元した。

神戸市中央区北野町 3-13-3
078-242-3223
9：00 ～ 18：00
（入館は～ 17：45）
2・6 月第 1 火曜休み
（祝日の場合は翌日）
入館料 500 円（2 館共通券 650 円）

③北野天満神社

石造りの鳥居をくぐり、急な階段を上ると境内から神戸の街と港が見渡せる。平清盛の福原遷都の際、京都の北野天満宮を勧請して祀られたという古い歴史が残り、学問の神様として信仰が篤い。寛保2（1742）年造営の本殿などが、昭和60（1985）年、神戸市の「伝統的建造物」として文化財に指定された。

神戸市中央区北野町3-12
078-221-2139
参拝自由

④うろこの家

神戸で最初に公開された異人館。明治後期にに旧居留地に建てられ、大正に入ってから現在の地に移された外国人向けの高級借家。天然のスレートで覆われた外壁が魚のうろこに見えることから、近所の人から「うろこさん」と親しまれていたという。隣接する展望ギャラリーの3階から神戸の街が一望できる。

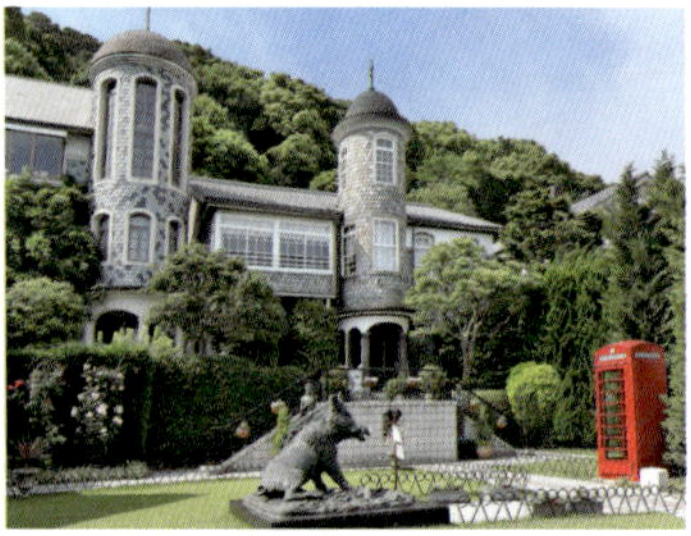

神戸市中央区北野町 2-20-4　0120-888-581
9：30 ～ 18：00（10 ～ 3 月は～ 17：00）
無休　入館料 1,050 円（各種セット券あり）

⑤生田神社

神功皇后が海外外征から戻る途中、神戸の沖で船が進まなくなったので、神占によって稚日女尊《わかひるめのみこと》をご祭神として祀ることになったと残る。境内にある生田の森は多くの歌が詠まれたことが知られるが、大きな戦乱の舞台になった場所でもある。朱色の美しい拝殿は、阪神・淡路大震災で全壊して再建されたもの。

神戸市中央区下山手通1-2-1
078-321-3851　7：00～

⑥三宮神社

神戸の繁華街に鎮座する三宮神社は、天照大御神の子の神々を祀る一宮から八宮までの一つで、三宮の地名の由来にもなった。海の神である湍津姫命《たきつひめのみこと》を祀り、古くから信仰されてきた。境内には、慶応4（1868）年に発生した備前藩兵と外国兵が衝突した神戸事件発生地の碑が建っている。

神戸市中央区三宮町2-4-4
078-331-2873　参拝自由

⑧東遊園地

明治8（1875）年に造られた神戸で最初の公園。日本初の西洋式運動公園で、居留地に隣接していることから多くの外国人がスポーツを楽しみ、ここから西洋のスポーツが日本に広まった。阪神・淡路大震災以降は慰霊モニュメントが設置され、震災の記憶を留めている。神戸のシンボル的公園で、市民の憩いの場になっている。

1.17 希望の灯

旧居留地十五番館

神戸市立博物館
（2019年11月まで休館）

⑦旧居留地

神戸開港にともない、神戸に移り住んだ外国人の居住地として設けられたエリア。神戸港の発展により商館が次々と建てられた。明治13（1880）年頃にアメリカ領事館として建てられたという旧居留地十五番館をはじめ、商船三井ビルやチャータードビルなどから当時の雰囲気が感じられ、神戸の歴史と街が形成されてきた足跡をたどることができる。

商船三井ビル

外国人居留地時代の標柱

ここも寄りたい

南京町

神戸開港当時、中国（清）は日本と国交の条約を結んでおらず、中国人は外国人居留地に住むことができなかった。そのため雑居地である居留地西側のこのエリアに住むようになったことから、南京町が形成されていった。昭和60（1985）年には東入口に長安門が建てられ、建ち並ぶ中華料理店や屋台にたくさんの観光客が訪れる。旧正月には南京町春節祭が盛大に行われ、さらに多くの人でにぎわう。

長安門

日本三大古泉の有馬温泉
秀吉の足跡と泉源を歩く

日本最古の温泉といわれる有馬温泉と太閤秀吉とのかかわり、噴き出す泉源をめぐるコース。スタートの神戸電鉄有馬温泉駅から南へ、太閤橋に向かって歩く。太閤橋手前の湯けむり広場に鎮座する豊太閤像の視線の先は、ねねの像だという。さらに南に進むと①ねね橋があり、橋のたもとに秀吉の正室ねねの像が建つ。ねね橋を渡らずに土産物店が軒を連ねる太閤通へ向かう。進行方向右手に、樹齢300年のしだれ桜が美しい善福寺が見える。太閤通を左に進んで②金の湯へ。その先に一つ目の泉源、③御所泉源があり、さらに進むと行基が建立した④温泉寺。本堂右の長い階段の上には、古い歴史の湯泉神社がある。温泉寺の先には聖徳太子創建の⑤極楽寺、太閤の湯殿館（休館中）があり、その先のタンサン坂を上って⑥極楽泉源、⑦銀の湯へと続く。三叉路を右に進むと妬泉源、湯本坂を下ってポストを目印に右へ上がっていくと天神社があり、鳥居の向こうに湧き立つ⑨天神泉源が見える。来た道を戻ってポストを右に進むと、太閤通、そしてゴールの有馬温泉駅へと続く。有馬温泉へは各地から路線バスや高速バスも運行。スタート時に、太閤通の有馬温泉観光総合案内所で、マップなどを入手したい。

時代	安土桃山
探訪エリア	神戸市北区
移動距離	約２km
所要時間	約２時間
費用	1,200円

スタート 神戸電鉄 有馬温泉駅

約180m 徒歩4分

① ねね橋

約180m 徒歩3分

② 金の湯

約40m 徒歩1分

③ 御所泉源

約100m 徒歩2分

④ 温泉寺

約65m 徒歩1分

⑤ 極楽寺

約20m 徒歩1分

⑥ 極楽泉源

約20m 徒歩1分

⑦ 銀の湯

約140m 徒歩5分

⑧ 炭酸泉源

約350m 徒歩7分

⑨ 天神泉源

約450m 徒歩7分

ゴール 神戸電鉄 有馬温泉駅

【有馬温泉の歴史】

神代の昔、大己貴命《おおなむちのみこと》と少彦名命《すくなひこなのみこと》の二神が水を浴びて傷をいやす3羽のカラスをみつけて有馬温泉を発見したと伝わり、舒明《じょめい》天皇や孝徳《こうとく》天皇が湯治などに訪れたと『日本書紀』に残る。奈良時代に行基が温泉寺を建立、鎌倉時代に仁西上人が12の宿坊を築いたことにより、有馬温泉が広く知られるようになった。のちに大火や戦乱などで打撃を受けるが、たびたび訪れていた太閤秀吉が改修に力を注ぎ、湯山御殿を建てたと伝わる。有馬温泉の湯は、含鉄ナトリウム塩化物強塩高温泉の「金泉」と、炭酸泉、ラドン泉の「銀泉」。療養湯として指定される9種類の成分のうち、7種類を満たしている。

3羽のカラス

①ねね橋

たもとにねねの像が建つ赤い欄干の橋。数回の水害で流され、現在の橋は平成9（1997）年に造られた。ねねは秀吉の正室で、ともに湯治に訪れたと伝わる。

ねね像

③御所泉源

塩分と鉄分が多く含まれる金泉の中でも、塩分濃度が日本一の温泉として有名。

②金の湯

有馬の名湯「金泉」の外湯で、有馬温泉ならではのお湯が堪能できる。館内には2つの浴槽があり、天神泉源から引く濃い金泉。鉄分を多く含み、空気に触れると酸化して赤くなるのが金泉の特徴だ。施設前には金泉の足湯があり、自由に利用できる。

阪神・淡路大震災後に再び湧き出した太閤泉（炭酸泉）

神戸市北区有馬町833
078-904-0680
8：00～22：00（入館は～21：30）
第2・4火曜休み（祝日の場合は翌日）
650円

④温泉寺

神亀元年（724）に行基が建立し、有馬温泉の歴史と衰退をともに歩んだ古刹。薬師如来を本尊とし、堂を建てて安置したのが始まりと伝わる。何度もの火災ののち、天明年間に現在の薬師堂を建立した。毎年1月2日に行われる入初式には、行基と仁西の木像輿に乗せて式場まで運び、初湯をかける。本堂の波夷羅《はいら》大将立像（国の重要文化財）をはじめ、多くの寺宝を所蔵する。

神戸市北区有馬町1643
078-904-0650

⑤極楽寺

聖徳太子によって推古2（594）年に創建されたと伝わる浄土宗の寺。阪神・淡路大震災で被害を受けた庫裏再建工事により、湯山御殿跡の遺構が発掘され、平成9（1997）年に神戸市の史跡に指定された。秀吉が湯浴みを楽しんだといわれる蒸し風呂や岩風呂の遺構をそのまま取り込み、瓦や茶器など出土品とともに、平成11（1999）年に開館した太閤の湯殿館（休館中）に展示している。

神戸市北区有馬町1642
078-904-0235

⑥極楽泉源

温泉寺と極楽寺の裏手にある秀吉ゆかりの金泉源で、「願いの湯」と呼ばれる。

⑦銀の湯

有馬温泉を代表するもう一つの湯「銀泉」は、炭酸泉源から引く炭酸泉にラジウム泉が含まれた無色透明の湯。肌がしっとりつるつるになると人気だ。太閤秀吉が入ったという岩風呂をイメージした浴槽と気泡風呂、スチーム式サウナなどを完備。金の湯と銀の湯の2館共通券を販売しているので、外湯めぐりを堪能したい。

神戸市北区有馬町1039-1
078-904-0256
9：00～21：00
（入館は～20：30）
第1・3火曜休み
（祝日の場合は翌日）
550円

⑧炭酸泉源

炭酸を含む無色透明の銀泉で、有馬銘菓の炭酸せんべいにも利用された。

⑨天神泉源

天神社の一角にある有馬温泉の代表的な金泉源で、白い湯煙が勢いよく立ち昇っている。

ゆかりのお土産

炭酸せんべい

有馬温泉みやげの代表格。明治末期に炭酸泉を利用して作られたのが始まりとされ、三津森本舗が発祥の店。太閤通の本店をはじめ、数店舗点在する。炭酸泉店は、昭和初期の民家を移築して平成24（2012）年にオープン。

三ツ森炭酸泉店　神戸市北区有馬町335-2
078-907-5003　9：00～16：00　休みなし

ここも寄りたい

湯泉《とうせん》神社

有馬温泉を発見したといわれる大己貴命と少彦名命などを祀る。有馬温泉の守護神として崇敬され、子宝の神さまとしても有名。

神戸市北区有馬町1908
078-904-0418
参拝自由

丹波
但馬
SETTSU
摂津
その五
播磨
淡路

六甲の自然と宮水で酒造り
灘五郷の歴史と伝統をたどる

西宮市今津から神戸市灘区大石までの沿岸約12キロが日本一の酒どころ「灘五郷」。今津郷、西宮郷、魚崎郷、御影郷、西郷の5つの郷を灘五郷と呼ぶ。酒造りに適した米「山田錦」と江戸時代に発見された「宮水」、冬に六甲山を越えて吹く風「六甲おろし」、そして優れた技術の「丹波杜氏」。これらによって栄えてきた灘の銘酒は、現在では全国はもとより世界にその名を知られるようになった。平成7（1995）年の阪神・淡路大震災で古い木造の蔵は甚大な被害を受けたが、努力の末に再建されて新たな一歩を踏み出している。かつての酒蔵に思いを馳せながら、菊正宗や白鶴、沢の鶴に代表される御影郷から西郷を歩く。阪神魚崎駅から住吉川沿いを南へ、国道43号を渡ってしばらく進み、①**菊正宗酒造記念館**、②**白鶴酒造資料館**へ。さらに西へ20分弱歩くと「福寿」で知られる③**神戸酒心館**に着く。国道43号東明交差点を北へ渡り、西へ進むと④**甲南漬資料館（こうべ甲南武庫の郷）**が見えてくる。ラストの⑤**沢の鶴資料館**までは約20分歩くことになるが、各施設で休憩をとりながら、余裕をもって見学したい。国道43号大石交差点を北へ渡って大石駅へ行く途中に旧西国浜街道の碑が建ち、庶民の生活道路だった記録が残る。

時代
江　戸

探訪エリア
神戸市灘区・東灘区

移動距離
約５km

所要時間
約５時間

費用
0円

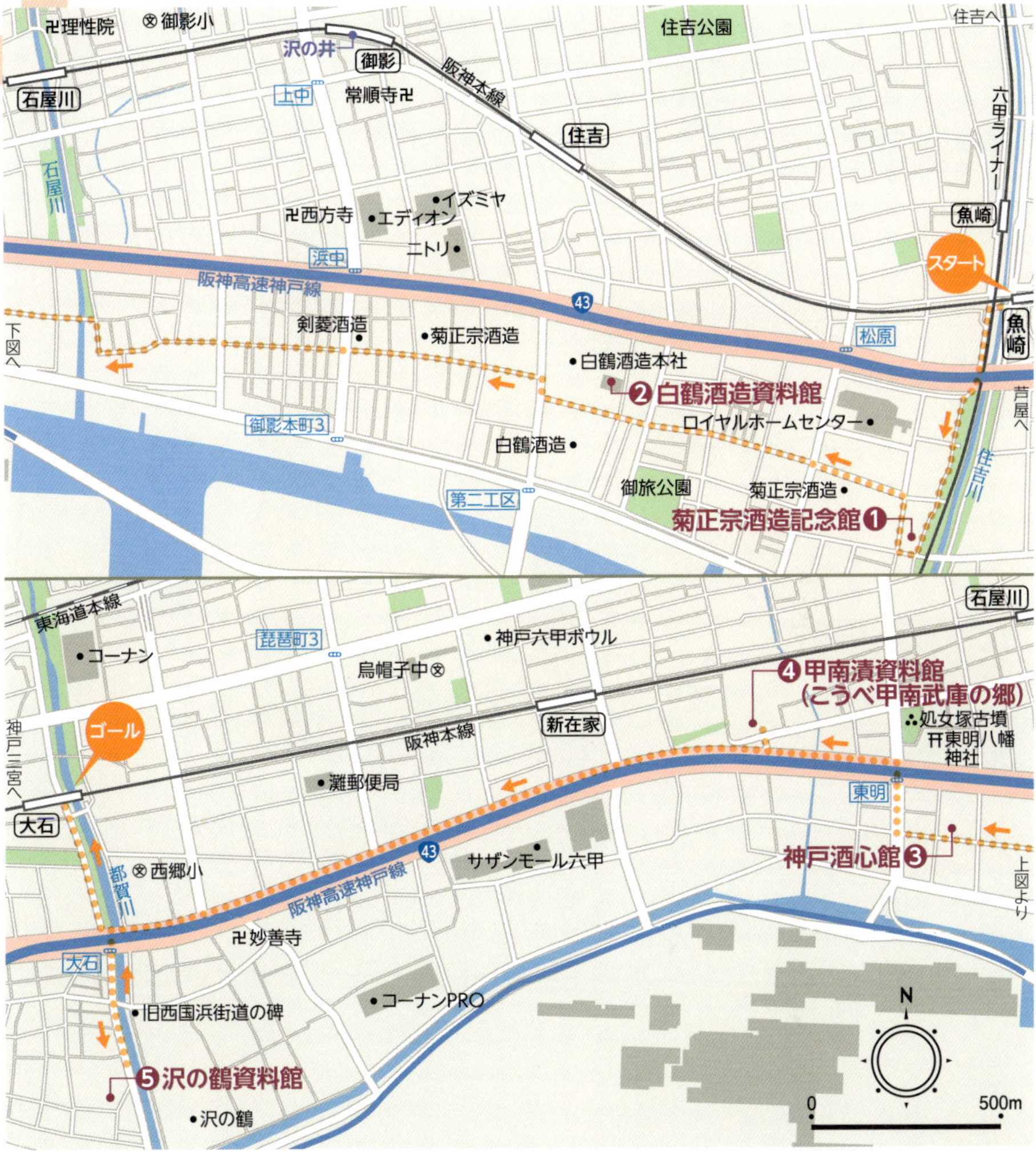

スタート
阪神 魚崎駅

約650m 徒歩8分

①菊正宗酒造記念館

約650m 徒歩8分

②白鶴酒造資料館

約1.3km 徒歩17分

③神戸酒心館

約500m 徒歩7分

④甲南漬資料館（こうべ甲南武庫の郷）

約1.6km 徒歩20分

⑤沢の鶴資料館

約600m 徒歩9分

ゴール
阪神 大石駅

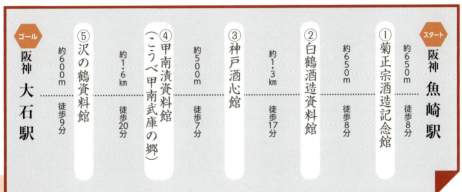

①菊正宗酒造記念館

万治2（1659）年に御影の本嘉納家屋敷内に建てられた酒蔵を移築・開館した酒造記念館。阪神・淡路大震災で倒壊したが、がれきの中から酒造用具などを取り出し、4年かけて修復した。展示されているのは、ほとんどが国指定重要有形民俗文化財。展示室内では、生酛《きもと》づくりを中心とした菊正宗の酒造りが体感でき、樽工場で樽づくりの作業を見学できる（月～金曜1日2回、土・日曜1日3回）。

神戸市灘区魚崎西町
1-9-1
078-854-1029
9：30 ～ 16：30
無休　無料

②白鶴酒造資料館

大正初期に建てられ、昭和44（1969）年まで稼働していた酒蔵を利用した資料館。館内には昔ながらの酒造工程がそのまま保存され、蔵人が作業する姿を等身大の人形で再現。1階と2階で10の工程が体感でき、実際に使われていた道具なども展示されている。100席を完備する映写ホールでは、酒造りや白鶴酒造の歴史がわかる映像を上映。

神戸市東灘区住吉南町4-5-5
078-822-8907
9：30 ～ 16：30
（入館は～ 16：00）無休
無料

③神戸酒心館

宝暦元年（1751）に創業し、約260年にわたる長い歴史と伝統の「灘の生一本」で知られる。13代続く「福寿」の酒銘は、七福神の福禄寿に由来するという。館内では蔵見学を実施し、「福寿」の歴史がわかるビデオを上映。日本酒造りの複雑な工程をわかりやすい映像で紹介している。蔵見学はA～Cの3コースがある。予約が必要なものもあるので電話で確認を。

神戸市東灘区御影塚町
1-8-17
078-841-1121
10：00 ～ 17：00
（受付時間）　無休
無料

ひと休み

各館にはショップがあり、お酒はもちろん、関連商品やお土産物などを販売。限定品もあるので、ぜひ立ち寄りたい。食事処を併設する施設もあるので、コースの途中で昼食などに利用できる。

【菊正宗】
物販コーナー

【酒心館】
蔵元ショップ「東明蔵」
蔵直採り生酒の量り売りもある

④甲南漬資料館（こうべ甲南武庫の郷）

江戸時代末期から酒粕の仲介をし、酒粕再利用で焼酎を造り始めて明治3（1870）年に創業。明治29（1896）年、焼酎の付加価値を高めてみりんの製造をスタートした。その後、みりん粕と酒粕を利用して奈良漬の製造を始め、昭和5（1930）年に「甲南漬」の商標を登録。同年建築の会長宅をのちに甲南漬資料館として開館した。昭和初期のハイカラな建物は見どころ豊富。資料館を含む「こうべ甲南武庫の郷」には、食事処などを完備している。

神戸市東灘区御影塚町4-4-8
078-842-2508
10：00 ～ 17：00　無休
無料

⑤沢の鶴資料館

江戸時代後期に建造された大石蔵をそのまま資料館として公開する「昔の酒蔵」沢の鶴資料館。創業300年の貴重な酒造り道具などを展示・紹介する。昭和53（1978）年に開館し、2年後に建物と酒造り道具が、ともに兵庫県の重要有形民俗文化財の指定を受けた。平成7（1995）年の阪神・淡路大震災により貴重な建物が全壊してしまったが、3年7カ月の歳月をかけて、京都の宮大工の手によって復興・再建を果たした。蔵の中に大小さまざまな仕込み桶がずらりと並ぶ姿は圧巻。発掘調査で出てきた昭和初期まで使われていた地下構造の槽場《ふなば》跡も必見だ。

槽場跡

神戸市灘区大石南町1-29-1
078-882-7788
10：00 ～ 16：00
水曜休み　無料

ここも寄りたい

沢の井

神功皇后がこの泉の水を化粧に使い、皇后の姿が鮮やかにうつしだされたことが「御影」の地名の由来と伝わる。のちに沢の井と呼ばれるようになり、第二次世界大戦中に防火用水として造りかえられた。平成7（1995）年の阪神・淡路大震災ののち、現状に改修した。

人形浄瑠璃や歌舞伎の名作を生んだ
近松門左衛門が眠る町

時代
江　戸

探訪エリア
尼崎市

移動距離
約2.4km

所要時間
約２時間

費用
200円

ＪＲ福知山線塚口駅からスタートして、江戸時代に活躍した近松門左衛門ゆかりの地を歩く。西口を出て南へ進むと広々とした①上坂部西公園が見えてくる。自然あふれる約2・5ヘクタールの敷地内は、年間を通して花が咲き誇る。公園の正門近くからＪＲ塚口駅地下道を通って東側へ抜けるとタイル貼りのちかまつロードに出る。すぐの四つ角を1本南に下ると②茶屋町の道標があり、尼崎長洲と池田を結ぶ池田街道の名残をとどめる。このあたりは戦火を逃れた地域のため区画整理がされず、細くて入り組んだ道が多い。そのまま東へ進むと、尼崎市で一番古い③伊佐具神社があり、すぐ南の④近松公園へと歩く。近松公園内には、近松門左衛門の座像があり、公園の南には、尼崎の地に近松の足跡を残したいと財団を設立して⑤近松記念館が建てられた。記念館の西には近松の墓（国指定遺跡）が残る⑥廣済寺があり、西隣にある⑦久々知須佐男神社は、江戸時代から歌舞伎役者や芸能人の信仰を集めたと伝わる。帰りは近松公園を北に抜けて、ちかまつロードからＪＲ塚口駅東口へ。または公園の東、近松線（県道大阪伊丹線）にある近松公園前バス停から、ＪＲ尼崎駅、阪神尼崎駅、阪急塚口駅などへも行くことができる。

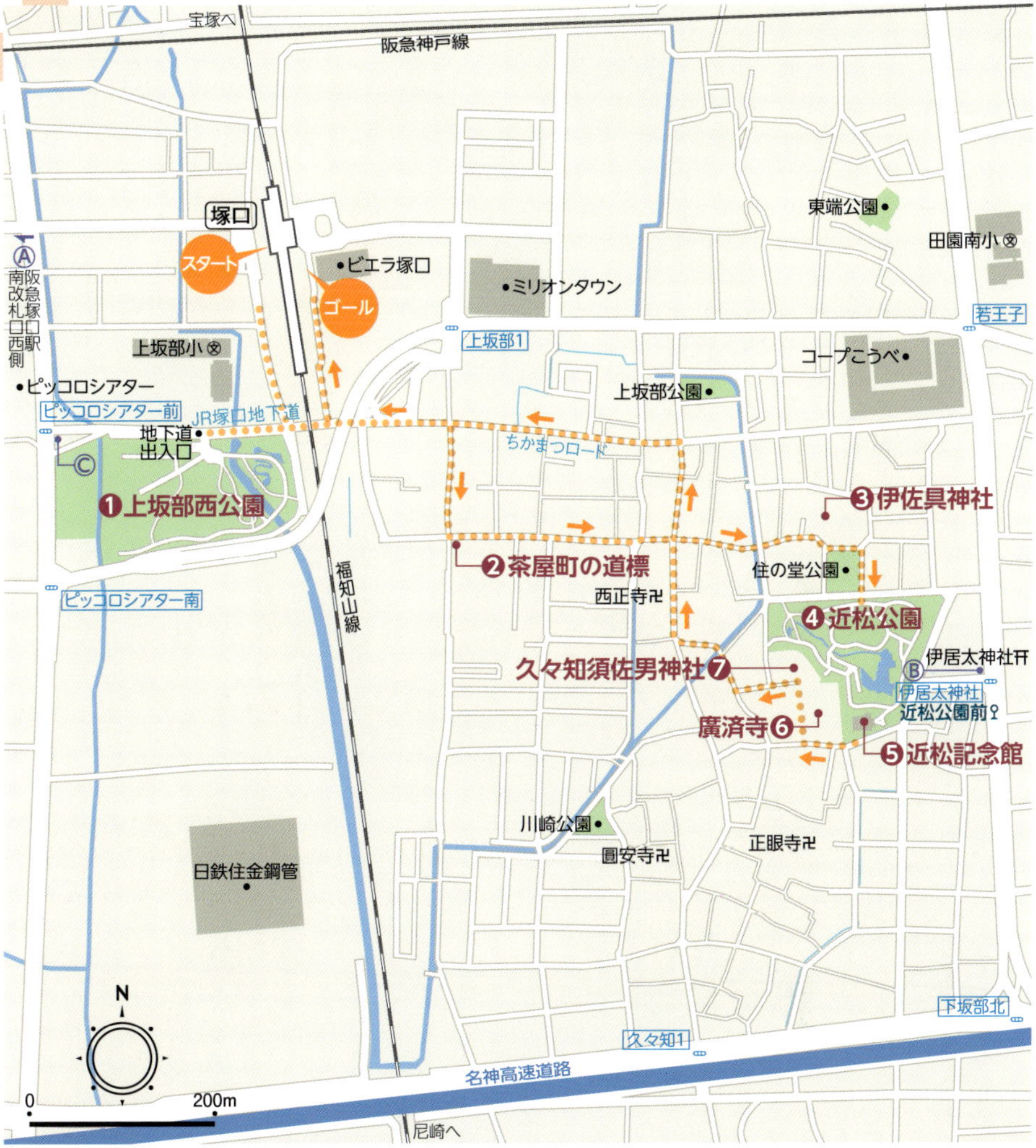

スタート **JR塚口駅**

約350m 徒歩4分

①上坂部西公園

約450m 徒歩6分

②茶屋町の道標

約450m 徒歩6分

③伊佐具神社

約240m 徒歩3分

④近松公園

約100m 徒歩1分

⑤近松記念館

約50m 徒歩1分

⑥廣済寺

約170m 徒歩2分

⑦久々知須佐男神社

約900m 徒歩11分

ゴール **JR塚口駅**

①上坂部西公園

「緑の相談所」がある都市緑化植物園。館内には図書コーナーや展示スペースなども完備。熱帯植物などが見られる温室もある。植物だけでなく、野鳥や昆虫の観察会も開催する。

尼崎市東塚口町2-1・2
06-6426-4022
6：00 ～ 21：00
（10 ～ 3月は～ 18：00、相談所・温室は別途）
無休（相談所・温室は別途）

②茶屋町の道標

道標がある四つ角は、南北の道路が池田街道、西は有馬、東は神崎へと続く道路の分岐点。道標には当時の地名や街道名と思われる名称が彫られている。江戸時代は茶屋が並ぶ街道としてにぎわった。

③伊佐具《いさぐ》神社

尼崎市内で唯一の式内社で、神社庁登録66社の中で一番古い歴史をもつ。主祭神は日本武尊の弟、伊狭城入彦尊《いさぎいりひこのみこと》。社殿が高いのは、古墳の上に社殿が鎮座しているから。播磨城主赤松円心の供養塚や行在所跡の碑などがある。

尼崎市上坂部 3-25-18
06-6492-0753
参拝自由

④近松公園

約2ヘクタールの敷地をもつ回遊式日本庭園風の公園。春の桜や梅、秋の紅葉など、四季折々に自然が楽しめる。園内には、近松門左衛門のブロンズ像がある。

公園南東の壁沿いには、近松門左衛門墓所の石碑と、宿場町であった神崎を説明する「有馬道」と題した石碑がある。

尼崎市久々知1-4
06-6489-6530（都市整備局）
終日開放

⑤近松記念館

「東洋のシェイクスピア」と称された近松門左衛門の記念館。近松が執筆に使用したと伝わる文机など、近松ゆかりの品約100点の展示など、出生から菩提寺である廣済寺、尼崎とのかかわりがわかる。2階には舞台公演などができる200人収容可能なホールを完備。毎年命日に近い10月下旬の日曜に、文楽などを上演する大近松祭を行っている。

尼崎市久々知1-4-38
06-6491-7555
10：00～16：00
水曜、第2日曜休み
入館料200円

⑥廣済寺《こうさいじ》

江戸時代、日昌上人（日蓮宗）によって再興され、近松も尽力した。明治の末頃まで本堂の裏に「近松部屋」があり、そこで執筆活動をしたと伝えられる。小さな墓石には近松の戒名とともに妻の名も刻まれ、毎年10月下旬の大近松祭の日に法要を執り行う。

近松の墓所

尼崎市久々知1-3-27

⑦久々知《くくち》須佐男《すさのお》神社

「久々知の妙見さん」と呼ばれ、かつては神仏習合の社だったが、神仏分離により須佐男神社と改称。平安時代に源（多田）満仲の勧請により建立されたと伝わり、境内には満仲がこの石に足を置いて多田（現在の川西市）に向かって矢を射った「矢文石」がある。

矢文石

尼崎市久々知1-3-28
06-6493-1965
参拝自由

ここも寄りたい　近松ゆかりのモニュメント

「近松断章」
数々の名作を生んだ硯石と代表作『曽根崎心中』がモチーフ

「明日への指標」

「近松門左衛門へのオマージュ」

丹波
但馬
SETTSU
摂津
播磨
淡路
その七

武家社会を築いた源氏発祥の地
清和源氏のふるさと

時代	平　安
探訪エリア	川西市
移動距離	約９㎞
所要時間	約５時間
費用	400円

阪急宝塚線雲雀丘花屋敷駅からスタートして、武士社会の基礎を築いた清和源氏ゆかりの神社仏閣・伝説の地を訪ねるコース。雲雀丘花屋敷駅前バス乗り場から、阪急バス愛宕原ゴルフ場行き（系列150）に乗り、満願寺バス停を降りると、清和源氏一門の祈願所として栄えた①**満願寺**まですぐ。雲雀丘花屋敷駅から歩くと約30分だが、急な長い坂道が続くのでバス利用が無難だ。春は桜、秋は紅葉が美しい満願寺一帯は、宝塚市に囲まれた飛び地の川西市。本堂左手の道より愛宕原ゴルフ場方面に向かい、湯山台の住宅地まで抜ける山道はなだらかな下り坂のハイキング道。湯山台を越え、乳母ヶ池や西多田皇太神宮を見ながら再び山道を歩き、歩道橋を渡って大通りをめざす。猪名川沿いに出ると、源氏発祥の地とされる②**多田神社**に続く趣のある御社橋が目の前。多田神社の東門から出て、北東角を東へ進み、国道173号に出ると③**多太神社社号標石**があり、その先に多田神社と並ぶ川西の古社④**多太神社**がある。国道173号をさらに北へ進むと、清和源氏の伝説にちなんで名付けられた三ツ矢サイダー発祥の地、⑤**平野鉱泉工場跡**がある。帰りは国道沿いを南へ戻って歩道橋を渡り、能勢電鉄妙見線の平野駅へ。

スタート

阪急宝塚線 **雲雀丘花屋敷駅**

雲雀丘花屋敷駅前からバスで満願寺バス停まで約2.3km、バス8分

①満願寺

約3.5km　徒歩60分

②多田神社

約1.8km　徒歩28分

③多太神社社号標石

約200m　徒歩2分

④多太神社

約1km　徒歩15分

⑤平野鉱泉工場跡（三ツ矢サイダー発祥の地）

約600m　徒歩8分

ゴール

能勢電鉄妙見線 **平野駅**

①満願寺

奈良時代創建と伝わる古刹で、源満仲の帰依以来、源氏一門の祈願所として栄えた真言宗の寺院。本尊の千手観音菩薩立像をはじめ多数の平安時代の仏像や、重要文化財の九重の石塔など、国指定文化財も多く残る。美女丸伝説に由来する、満仲の子・美女丸と家来の子・幸寿丸の墓や、源頼光が率いた四天王の１人で、金太郎のモデルとなった坂田金時の墓も残る。

洋風の山門

九重の石塔

金堂

坂田金時の墓

川西市満願寺町7-1
072-759-2452
参拝自由、寺務所受付9：00 ～ 16：30
入山料100円、金堂内拝観料300円

②多田神社

天禄元年（９７０）、源満仲が創建した寺院・多田院に由来し、明治時代の神仏分離令により多田神社となった。満仲、頼光、頼信、頼義、義家の五公を祀る源氏の祖廟があることから、源氏発祥の地とされる。重厚で優美な現在の社殿は、徳川家綱により再建されたもので、国の重要文化財に指定されている。１万６０００坪の敷地は豊かな自然に囲まれており、唐椿の老木や珍しい大木が茂る。

御社橋と南大門

川西市多田院多田所町 1-1
072-793-0001
6：00 ～ 17：00

③多太神社社号標石

多太神社の社名が忘れられ、平野明神と呼ばれていた江戸時代、幕府の調査で多太神社であることを比定され、元文元年（１７３６）、由緒を忘れないよう社名を刻んだ標石が建てられた。

（上）拝殿
（左上）随神門
（左下）御神廟

④多太神社

平安時代もしくは奈良時代から鎮座する、由緒ある古社。延喜式内社で、「ただ（多田）」の地名の由来となった神社ともいわれる。覆屋の中にある江戸前期の美しい本殿は、元禄6（1693）年造営。市指定文化財となっている。同じ読みの多田神社と区別するため、地元では「たふと神社」と呼ばれる。

川西市平野2-20-21
072-793-0001（多田神社）
参拝自由

⑤平野鉱泉工場跡（三ツ矢サイダー発祥の地）

川西市平野では、江戸時代に温泉場平野湯が栄え、明治時代には平野鉱泉水を瓶詰めした「平野水」が発売された。後に開発された「三ツ矢サイダー」の商品名は、源満仲が三ツ矢を放ち、矢が落ちた多田を居城としたことに由来。大正時代には東洋一の規模といわれる工場となった。現在も三ツ矢マークが描かれた工場跡を見ることができる（施設内は立ち入り不可）。

ひと休み

金時茶屋

満願寺と神戸一孝庵がコラボした本格手打ち蕎麦「満願寺蕎麦」は、国産厳選蕎麦を使用し、石臼挽き自家製粉した食べやすい二八蕎麦。挽きたて、打ちたて、ゆがきたてで、つゆにもこだわるおいしい蕎麦を食べられる人気店。満願寺蕎麦700円～。季節メニューもあるので季節を変えて訪れたい。

満願寺境内
土・日曜のみ営業
10：30～14：30（完売次第終了）

足をのばして

源満仲の像

JR川西池田駅のロータリーに、清和源氏の祖として鎌倉・室町・江戸幕府歴代将軍家に崇拝された源満仲の像がある。満仲は第56代清和天皇の曽孫で、藤原氏の摂関政治に協力し、10世紀後半に現在の川西市多田を本拠地として源氏武士団を形成した。後世、鎌倉幕府を開いた源頼朝などの源氏武将は、すべて満仲の子孫にあたる。

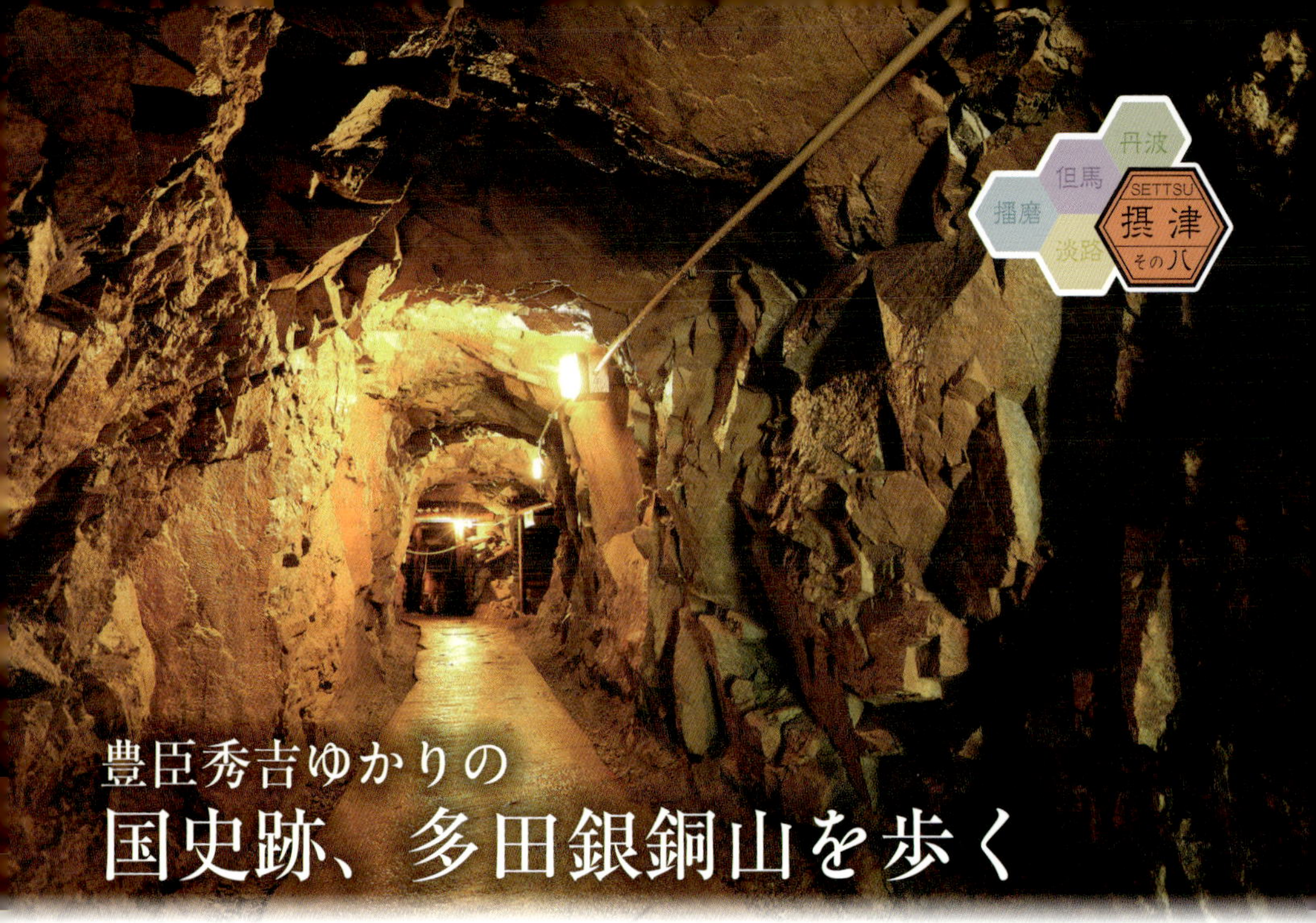

豊臣秀吉ゆかりの
国史跡、多田銀銅山を歩く

時代
安土桃山〜昭和

探訪エリア
川辺郡猪名川町

移動距離
約5km

所要時間
約2時間

費用
0円

能勢電鉄日生中央駅前より川西バスターミナル行きの阪急バスで10分、白金2丁目バス停を降り、猪名川町を含む4市3町に広がる多田銀銅山遺跡の中で特に重要とされる銀山地区（旧銀山町）を歩くコース。多少の起伏はあるが歩きやすい自然歩道がほとんど。国史跡に指定されており、定められた場所以外への立ち入りや、植物や石などの持ち帰りは禁止されている。多田銀銅山は、奈良時代の東大寺大仏建立の際に銅を献じたと伝わり、昭和48（1973）年まで採鉱された歴史ある鉱山だ。まず①**多田銀銅山 悠久の館**で多田銀銅山の歴史や特徴を学ぼう。

悠久の館裏手の②**代官所（役所）跡**では、江戸時代に「銀山三千軒」といわれるほど賑わった銀山町に思いを馳せたい。北へ進むと銀山橋、高札場跡があり、川沿いに細い生活道路が続く。鉱山の神様が祀られた③**金山彦神社**を過ぎ自然歩道を歩くと、唯一坑道内の見学ができる④**青木間歩**が口を開けている。さらに進むと昭和時代に採掘を行った日本鉱業多田鉱業所跡に出る。その先には鉱脈が地上に露出した大露頭、豊臣秀吉ゆかりの⑤**台所間歩**、⑥**瓢箪間歩**がある。来た道を戻り、多田銀銅山 悠久の館北側の⑦**多田銀銅山 悠久広場**で明治時代の遺構を見てバス停へ。

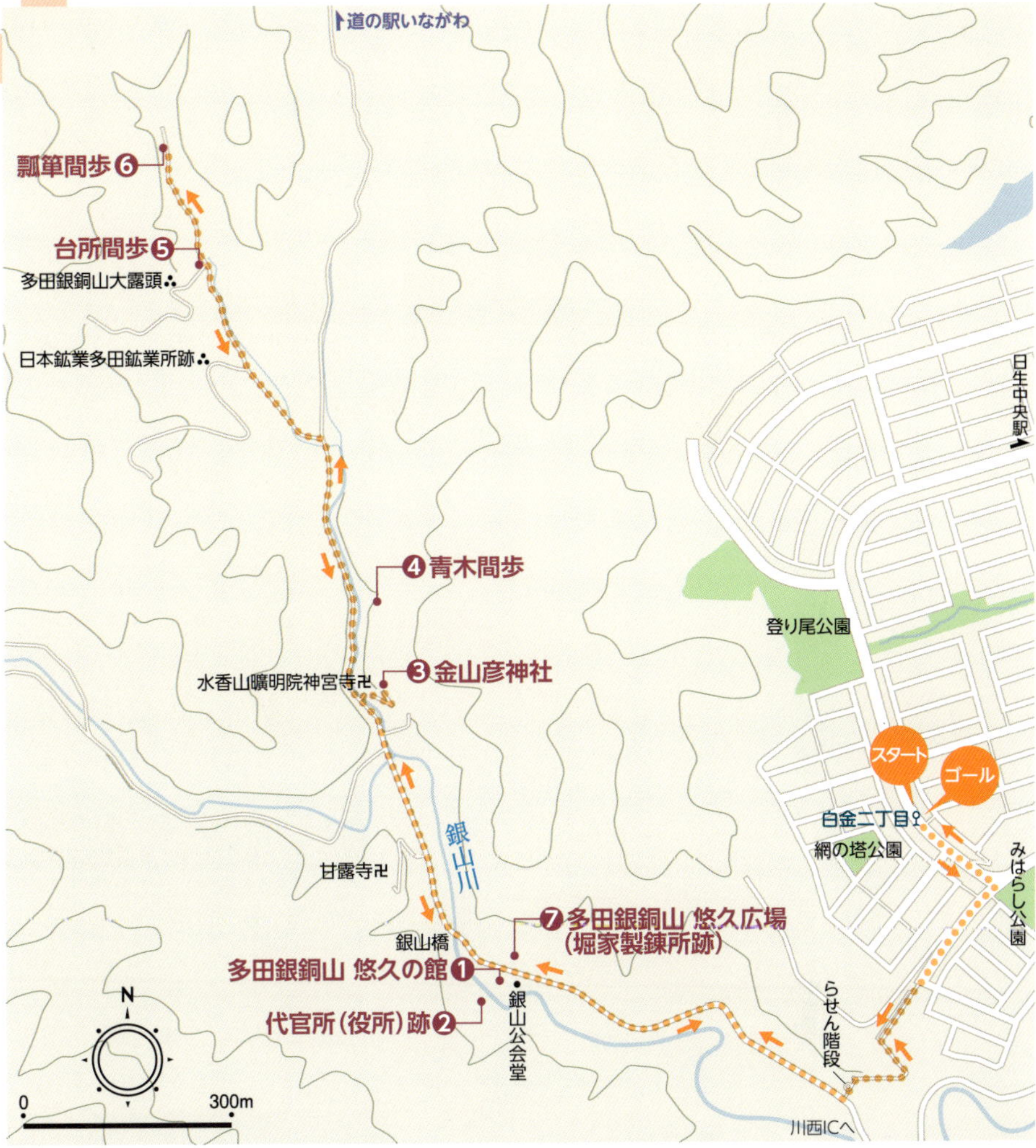

スタート　白金2丁目バス停

約1km　徒歩20分

①多田銀銅山 悠久の館

すぐ

②代官所（役所）跡

約500m　徒歩10分

③金山彦神社

約230m　徒歩5分

④青木間歩

約600m　徒歩10分

⑤台所間歩

約150m　徒歩3分

⑥瓢箪間歩

約1・3km　徒歩20分

⑦多田銀銅山 悠久広場（堀家製錬所跡）

約1km　徒歩20分

ゴール　白金2丁目バス停

①多田銀銅山 悠久の館

多田銀銅山にまつわる絵図や古文書、鉱石や鉱山道具などの資料が展示されており、多田銀銅山の歴史や特徴を興味深く学べる。休憩の場として使える交流スペースもあり、設置されたパソコンでは、絵図を元にした約三千軒もの建物が建ち並んで賑わいを見せたといわれる最盛期の銀山町を体感できる。

川辺郡猪名川町銀山字長家前4-1
072-766-4800
9：00～17：00
月曜休み（祝日の場合は翌日）無料

②代官所（役所）跡

幕府直轄地となった江戸時代に置かれた代官所跡。多田銀銅山 悠久の館に展示している代官所想像再現模型と合わせて見学したい。一帯は桜の木が多く、春は特に美しい。

③金山彦神社

鉱山の神様を祀った神社。大同2（807）年の創建伝承があり、天録2（971）年に源満仲により修理されたと伝わる。現在の本殿は銀山最盛期の寛文4（1664）年に建立された。両部鳥居や珍しい千度石、縁起がよいといわれる笑顔の狛犬にも注目したい。

本殿（覆屋）

千度石

金山彦神社

④青木間歩《まぶ》

天井の鉱脈

多田銀銅山遺跡のなかで唯一坑道内を見学できる間歩（坑道）。周囲にアオキが自生していたことから名付けられたといわれ、昭和時代に機械で掘られた坑道と、江戸時代に採掘された手掘り（露頭掘りや坑道掘り）の坑道の両方を見ることができる。天井には手に取るようにくっきりとした鉱脈が見られる。全長約60メートルの間歩内は、年間を通して17～18度。見学可能時間は9時～17時。

⑤台所間歩《まぶ》

大坂城（現大阪城）の台所（豊臣政権の財政）を潤すほどの銀銅が産出されたことから名付けられた、台所間歩。豊臣秀吉が大坂城築城と瓢箪間歩採掘の財源にしたと伝わる。間歩周辺に群生するヘビノネゴザや、春に白い花を咲かせるハクサンハタザオなど、鉱山ならではの植物も興味深い。

ヘビノネゴザの群生

⑥瓢箪間歩《まぶ》

豊臣秀吉が馬印の千成瓢箪を間歩口に掲げることを許したほど、豊富な銀銅を産出したといわれる間歩。銀山地区最大規模の横相の坑道（通路状の坑道）で、検分に来た秀吉が馬に乗ったまま坑道内に入ったと伝わる。

緑に囲まれた自然遊歩道

⑦多田銀銅山 悠久広場（堀家製錬所跡）

悠久の館の北側にある広場は、明治時代の機械選鉱場、製錬所の跡地。地上に残存するレンガ構造物と、発掘調査により復元されたレンガ敷遺構を見学できる。

ひと休み

道の駅いながわ

猪名川町産の農作物や、特産品を販売する道の駅。そばの館では、国内産そば粉を使ったつなぎ粉なしの十割そばが人気。土日・祝日は地域農業情報センター内に観光ボランティアガイドが常駐している。

青木間歩から山道を歩いて峠を越え、道の駅いながわまで歩く健脚コースもある。

川辺郡猪名川町万善字竹添70-1
072-767-8600
9：00～17：00（飲食施設は16：30LO）
水曜休み（祝日の場合は翌日）

一部写真提供：猪名川町教育委員会

妻鹿、御着、そして姫路城へ

黒田官兵衛ゆかりの地を行く

播磨の英雄で一番に挙げられるのは、黒田官兵衛を置いてほかにはいないだろう。秀吉の軍師・官兵衛は天文15（1546）年、姫路城で生まれた。歴代城主の中でも、姫路城で生まれたのは官兵衛ただ一人といわれている。若き官兵衛が、城主・小寺政職に認められ、側近として仕えた御着《ごちゃく》城とその周辺からJRを利用して姫路城へ向かうAコースと、姫路城を秀吉にゆずり、居城とした国府山城とその周辺をめぐり、山陽電鉄を利用して姫路城に行くBコースを紹介する。Aコースでは、JR御着駅から北へ、国道2号沿いの御着城址公園がかつての①**御着城址**だ。公園に隣接して②**黒田家廟所**がある。歩道橋を渡って③**小寺大明神**へ。そして御着駅に戻る。Bコースの妻鹿《めが》界隈は、黒田二十四騎の一人・母里太兵衛友信の出身地でもある。山陽電鉄の白浜の宮駅を南へすぐのところにある、灘のけんかまつりで有名な①**松原八幡神社**へ。白浜小学校の南側の道を通り②**浄照寺**へ。さらに西へ進み、国道250号を横切り③**播州黒田武士の館**をめざす。④**荒神社（国府山城跡登り口）**の境内に妻鹿城址の石碑があり、かつての居城に行く山道へと続く。⑤**元宮八幡神社**の境内に、母里太兵衛友信生誕地の碑が立つ。⑥**黒田職隆廟所**から山陽妻鹿駅をめざす。

時代
安土桃山～江戸

探訪エリア
姫路市

移動距離 A 約4.7km B 約10km

所要時間 A約5時間 B約7時間

費用 A・B 各1,000円

JR御着駅または山陽妻鹿駅から、それぞれ電車に乗って姫路駅へ。姫路で運命の出会いを果たす官兵衛と秀吉。官兵衛は、中国攻めの足掛かりとして居城を秀吉に譲り、作戦参謀としての手腕を発揮し始めるのだ。おみぞ筋を通って⑦**播磨国総社・射楯兵主神社**へ向かう。官兵衛の父・職隆が拝殿と神門を修復するなど、親子でゆかりの深い神社だ。そしていよいよ⑧**姫路城**へ。現在の城は、池田輝政が手掛けたものだが、ゆかりのスポットが残っている。⑧**姫路城**をゆっくり見学したら北側の道を通って⑨**姫路文学館**へ。ここが2つのコースの最終。また姫路駅に戻ろう。

お菊井戸

Aコース

スタート JR御着駅
約650m 徒歩9分
①御着城址
すぐ
②黒田家廟所
すぐ
③小寺大明神
約550m 徒歩7分
JR御着駅
電車6分
JR姫路駅
約1.3km 徒歩16分
⑦播磨国総社・射楯兵主神社
約900m 徒歩11分
⑧姫路城
約1.3km 徒歩16分
⑨姫路文学館
約2.1km 徒歩26分
ゴール JR姫路駅

Bコース

スタート 山陽電鉄 白浜の宮駅
約230m 徒歩3分
①松原八幡神社
約500m 徒歩6分
②浄照寺
約950m 徒歩12分
③播州黒田武士の館
約1.6km 徒歩20分
④荒神社（国府山城跡登り口）
約600m 徒歩7分
⑤元宮八幡神社
約230m 徒歩3分
⑥黒田職隆廟所
約450m 徒歩6分
山陽電鉄 妻鹿駅
電車10分
山陽電鉄 山陽姫路駅
約1.2km 徒歩15分
（⑦へ）

①御着《ごちゃく》城址

姫路城主・小寺政隆《まさたか》が築城してここに移り本拠とした。東と北は四重の濠をめぐらし、西と南は天川を外濠に利用して、茶臼山という約5メートルの丘上に本丸、二の丸を設け、外敵に備えた。黒田家は、「寛政重修諸家譜」などによると、近江国伊香郡黒田村（現・滋賀県長浜市木之本町）の出身とされる。重隆の代に播磨に入り、御着城城主・小寺政隆に仕えた。御着城は、永正16（1519）年に築城されたと伝わるが、明応4（1495）年に、御着納所で、段銭を徴収しており、15世紀末にはすでにこの地を拠点としていた。羽柴秀吉による播磨侵攻で天正7（1579）年に落城した。

姫路市御国野町御着1142
079-287-0003
（姫路観光なびポート）
見学自由

②黒田家廟所

官兵衛の祖父・重隆と生母・明石氏を祀る廟所。先祖は御着城主・小寺家に仕えた家老だった。廟所のあたりにあった心光寺に葬られていたそうだが、のちに江戸期・享和2（1802）年に福岡藩がこの場所に建てた。

姫路市御国野町御着1142
079-287-0003
（姫路観光なびポート）
見学自由

③小寺大明神

御着城本丸跡に三代城主と、当時の戦死者を祀る小寺大明神。毎年、4月29日には、全国各地から、小寺家、黒田家、天川家の子孫と関係者が多数集合して、先祖の慰霊のための大祭が執り行われる。

姫路市御国野町御着
見学自由

①松原八幡神社

戦国時代、寺社が兵を持っていることは珍しくなかった。「灘のけんか祭り」で知られる「松原八幡神社」も寺社勢力を持っていた神社の一つだ。羽柴秀吉と毛利軍・別所長治《べっしょながはる》の戦の際、松原八幡神社は双方から援軍を依頼されたが、選択することができなかった。勝利した秀吉は加勢をしなかったことを怒り、神社の移設を命じたが、松原八幡神社を敬う官兵衛は由緒ある地として存続を嘆願したそうだ。官兵衛は、神社復興の際に拝殿を寄進したほど、松原八幡神社への敬神が厚かったと伝えられている。官兵衛寄進の拝殿は、絵馬堂として使用されていたが、昭和56（1981）年に老朽化のため解体されている。

姫路市白浜町甲396
079-245-0413
参拝自由

②浄照寺

浄土真宗本願寺派の寺院。官兵衛が、松原八幡神社に寄進した鐘楼が、この寺の境内に移設されている。外から堂内の鐘楼を見ることができる。

姫路市白浜町甲599
079-245-0934
拝観自由

③播州黒田武士の館

黒田武士のことならどんなことでもわかると評判の私設展示館。黒田二十四騎の掛け軸や官兵衛の書状など、黒田武士顕彰会メンバーの貴重なコレクションを見ることができる。館主・神澤輝和さんから、興味深い話を聞くこともでき、播磨黒田武士の聖地的なところ。事前予約が必要。

姫路市飾磨区妻鹿東海町107
079-245-4685

④荒神社（国府山城《こうやまじょう》跡登り口）

奥津彦命・奥津姫命が祀られ、甲山経塚から出土した二仏の泥塔の同范がご神体。神社境内には、妻鹿城址の石碑があり、官兵衛ゆかりの目薬の木が植えられている。また、官兵衛のかつての居城・国府山城跡への登り口にもなっている。国府山城は、元は『太平記』で知られる妻鹿孫三郎の居城だったが、信長が石山本願寺と戦い始めてから、毛利水軍の往来が激しくなり、それを監視するために、官兵衛の父・職隆が再びこの山に城を構えた。その後、秀吉に姫路城を譲った官兵衛はこの城に移った。山上からは、姫路城や廣峰山が見える。城址までは約20分。時間に余裕があれば登ってみよう。

姫路市飾磨区妻鹿550
参拝自由

⑤元宮八幡神社

今は山上にある御旅山《おたびやま》八幡神社の元宮で、黒田二十四騎の一人、母里太兵衛友信《もりたひょうえとものぶ》生誕の碑が立つ。通称・太兵衛は、播磨国妻鹿に生まれ、黒田官兵衛・長政親子2代に仕えた。民謡『黒田節』のモデルとなった人物。

姫路市飾磨区妻鹿
参拝自由

⑥黒田職隆《もとたか》廟所

天正13（1585）年に、国府山城で亡くなった官兵衛の父・職隆の墓所。凝灰岩の五輪塔。国府山より南方にあり、地元では「筑前さん」といって親しまれている。秀吉は、職隆の誠実なことを知り重用した。

姫路市飾磨区妻鹿
見学自由

⑦播磨国総社《はりまのくにそうしゃ》・射楯兵主神社《いたてひょうずじんじゃ》

欽明天皇25（564）年に、飾磨郡に大己貴命（兵主の神）を祀ると伝えられ、1400年余りの歴史がある神社。その後、養和元年（1181）には、播磨国内の神々を合わせ祀って「播磨国総社」と称した。ご祭神は、植樹の神様の「射楯大神《いたてのおおかみ》」と縁結びの「兵主大神《ひょうずのおおかみ》」の二神。黒田氏の信仰も篤く、この神社で祈祷を受けた旗幟《きし》を立ててから一度も負けずに活躍したそう。官兵衛の父・職隆が拝殿や神門を再建、官兵衛も制札を与えるなど、保護に努めた。

姫路市総社本町190
079-224-1111
6：00 ～ 17：30
（夏期は5：00 ～ 19：00、
社務所は9：00 ～ 17：00）
参拝無料

ここも寄りたい

廣峯神社

今から二千有余年の大昔、弥生時代に素戔嗚尊《すさのおのみこと》と五十猛尊《いそたけるのみこと》を白幣山《はくへいざん》に祀ったのが始まりと伝わる。天平5（733）年、遣唐使の吉備真備が唐から帰国する途中、素戔嗚尊の神託を受け、聖武天皇に奏上し、翌年、社名を廣峯神社とした。真備公は、日本に陰陽暦学を広めるため、主祭神である素戔嗚尊を牛頭天王・天道神、奇稲田媛命《くしいなだひめのみこと》を歳徳神、八王子を八将神にして「こよみの神」とした。江戸時代の『夢幻物語』によれば、官兵衛の祖父・重隆は、廣峯神社に参詣。御師から黒田秘伝の目薬を依頼され、ほどなく艶福長者になったと記されている。当時の廣峯神社の大別当は、官兵衛の主君・小寺政職の弟であり、廣峯神社の御師のなかに、官兵衛と同じ家紋をもつ黒田姓の家があることからも、深い関係がうかがえる。2019年春には官兵衛とその父らを祀る「官兵衛神社」を境内に建立する予定だ。

姫路市広嶺山52
079-288-4777
9：00 ～ 16：30
参拝無料

⑧姫路城

播磨の守護職赤松則村が元弘3（1333）年、砦を築き、その子貞範が正平元年（1346）城を構えたことに始まる姫路城。羽柴秀吉が天正8（1580）年、中国功略の本拠地として入城し、翌年3層の天守閣を完成させた。その後慶長6（1601）年、徳川家康の娘婿の、池田三左衛門輝政が、その豊かな財力と徳川家の権力を後ろ楯に、当時としては、まさに第一級ともいえる大城郭を築いた。池田氏のあと入部した本多忠政《ただまさ》が、その子忠刻《ただとき》の奥方に千姫を迎え、「化粧櫓《けしょうやぐら》」や「西の丸」一帯を築き、ここに見られる姫路城が完成した。天文15（1546）年、姫路城で誕生した官兵衛。官兵衛が活躍した時代には今のような姿ではなかったが、名残のスポットは残っている。その一つが上山里曲輪の石垣。秀吉がこの地に天守閣を造ったときの石垣で、官兵衛が普請奉行として関わったため、「官兵衛の石垣」といわれる。また、にの門の「十文字の瓦」。キリシタンご法度の江戸時代のお城に堂々と十字の鬼瓦が付いている。官兵衛がキリシタンであったこととも関係があるのかもしれない。

姫路市本町68　079-285-1146
9：00～17：00（4～8月は～18：00、入城は各1時間前まで）
入城料1,000円

⑨姫路文学館

播磨ゆかりの作家や学者たちを紹介・研究する施設。建築家・安藤忠雄による設計の建物としても有名。北館には、姫路城の歴史や物語をドラマ仕立てで紹介する「姫路城歴史ものがたり回廊」などがあり、入場無料の南館には、司馬遼太郎記念室や図書室、カフェなどがある。司馬遼太郎記念室には、戦国時代の播磨を舞台に、黒田官兵衛の活躍を描いた『播磨灘物語』に関する様々な資料があり、興味深い。

姫路市山野井町84　079-293-8228
10：00～17：00（入館は～16：30）
入館料300円（常設展・南館は無料）
月曜、祝日の翌日休み

足をのばして

書写山圓教寺

康保3（966）年、性空上人によって開かれた、天台宗の修行道場の寺で、西国三十三所霊場の最西端にある。西の比叡山とも呼ばれ、広い寺域には立派な堂宇が多く建ち並ぶ。舞台造りの摩尼殿は山間に迫り出すように建ち迫力あるお堂。『軍師官兵衛』のロケ地にも使われた、常行堂、食堂、大講堂の「三つの堂」はいずれも国の重要文化財に指定されている。播磨攻略時、姫路城を本拠地としていた秀吉は、別所長治が反旗を翻したことで、別所・毛利の両氏から挟み撃ちされる窮地に。官兵衛の進言で一時書写山圓教寺に本陣を移し、三木城攻めの指揮を執ったといわれる。

姫路市書写2968　079-266-3327
8：30～17：00
※季節によって変動あり
拝観料500円

子午線のまち明石の
歴史にふれる時の道

東経１３５度日本標準時子午線が通る明石。子午線を示す標識などがあちこちに見られる。明石城を中心に、城下町として栄えた歴史の名残を訪ねながら、時の道を歩きたい。スタートのJR・山陽明石駅から北へすぐの①**明石公園**へ。総面積55ヘクタールで、甲子園球場の約14倍の広さを誇る。堀を渡って園内に入ると、市制70周年記念で復元された「とき打ち太鼓」があり、その先には宮本武蔵が造ったといわれる「武蔵の庭園」が再現されている。宮本武蔵は明石とのかかわりが深く、明石の町割りをしたという記録も残っている。明石公園では明石城も含めて見どころが多いので、時間の余裕をもちたい。東ノ丸入口から公園を出て明石市立文化博物館を通り過ぎ、②**明石神社**を抜けて、宮本武蔵作庭と伝わる庭園がある③**本松寺**、柿本神社西参道下にある④**亀の水**へと続き、１２００年の由緒をもつ⑤**月照寺**、歌人・柿本人麻呂を祀る⑥**柿本神社**へ。そして明石のシンボル⑦**明石市立天文科学館**へ行く。館内には子午線などをテーマにした常設展示や特別展示のほか、日本最古のプラネタリウムを完備。ここから西へ進み、明石の台所⑧**魚の棚商店街**へ向かう。新鮮な魚介類が並ぶ活気のある市場を楽しみたい。

時代
江　戸

探訪エリア
明石市

移動距離
約３㎞

所要時間
約３時間

費用
700円

スタート JR・山陽 明石駅

約250m 徒歩3分

①明石公園

約400m 徒歩5分

②明石神社

約230m 徒歩3分

③本松寺

約210m 徒歩3分

④亀の水

約120m 徒歩2分

⑤月照寺

約30m 徒歩1分

⑥柿本神社

約40m 徒歩1分

⑦明石市立天文科学館

約1.5km 徒歩15分

⑧魚の棚商店街

約250m 徒歩4分

ゴール JR・山陽 明石駅

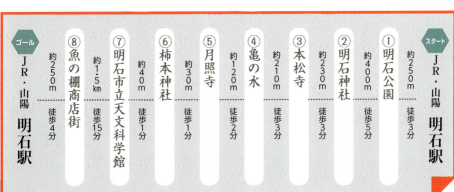

①明石公園

広大な都市公園。「日本の都市公園100選」「日本さくら名所100選」にも選定され、春の桜や秋の紅葉など、四季折々に美しい。公園の中心は、400年の歴史をもつ「日本100名城」の明石城。小笠原忠政（忠真）によって、元和5（1619）年に完成された。明石城に天守がないことについては、中津城（大分県中津市）から天守を移築する計画があったなど諸説あるが、結果的に天守を持たず、天守台のみが現存する。また、20を数える櫓があったが、明治初年の廃城令の際、旧明石藩士の談判により、巽《たつみ》櫓と坤《ひつじさる》櫓のみを残すことができた。櫓が国の重要文化財に指定されている城は全国に9ヵ所あり、そのうちの一つ。春・秋の土日・祝日に一般公開される。櫓の石垣は日本の城壁でのみ見られる特有の石積み方式で、この優美な曲線を見せる稜線部を算木積みと呼ぶ。明石城跡の北、公園のほぼ中央に位置する大きな剛ノ池は、春になると約1000本の桜が咲き誇る。

明石市明石公園1-27
078-912-7600

剛ノ池

②明石神社

明石城築城から250年間太鼓門に置かれ、時刻を知らせていた明石城太鼓（とき打ち太鼓）を保存。太鼓の内側には、歴代藩主が皮の張替えをした墨書が残る。

明石市上ノ丸
1-20-7
参拝自由

とき打ち太鼓

武蔵の庭園

③本松寺

400年の歴史をもつ寺。宮本武蔵作と伝わる庭園は、ひょうたん形の枯池に亀出島を配した枯山水。西隣の妙見社は、春にはツツジが美しい。

明石市上ノ丸
1-17-18
※庭園は閉門しているので見学希望の場合は声をかけること

④亀の水

柿本神社がある人丸山から湧き出る霊水。享保4（1719）年以前から流れ出る水と伝わる。

⑤月照寺

明石城築城にともない、柿本神社とともに現在の地へ。山門は、明石城の切手門として使われていたもので、もとは京都・伏見城の薬医門として建てられた。境内には、ひとつの花に8つの実がなるという「八ツ房の梅」がある。

明石市人丸町1-29
7：00～17：00

⑥柿本神社

学問・安産などの神徳があり、地元では「人丸さん」と親しまれている。飛鳥時代、宮廷につかえた歌人・柿本人麻呂を祀る。人麻呂が明石を詠んだ句もあり、境内には句碑も残る。

明石市人丸町1-26
参拝自由

⑦明石市立天文科学館

東経135度日本標準時子午線上に建ち、高さ54メートルの塔頂にある大時計が正確な時刻を知らせる。館内には昭和35（1960）年の開館当時から稼働する現役最古のプラネタリウムがある。13・14階の展望室から明石海峡大橋と明石市内が一望できる。

明石市人丸町2-6
078-919-5000
9：30～17：00
（入館は～16：30）
月曜、第2火曜休み
（祝日の場合は翌日）
観覧料700円

⑧魚の棚商店街

城下町とともに歩んだ約400年の歴史をもち「うおんたな」の愛称で親しまれている。明石鯛や明石だこをはじめ、昼網の新鮮な魚介類が並ぶ。名物の明石焼（玉子焼）も味わいたい。

明石市本町1

ここも寄りたい

明石市立文化博物館

「自然環境と人々のくらし」と題して、明石の歴史と文化を8つのテーマで紹介する常設展示のほか、年に数回特別展や企画展も開催する。

明石市上ノ丸2-13-1
078-918-5400
9：30～18：30
（入館は～18：00）
月曜休み
（祝日の場合は翌日、特別期間中は除く）
観覧料200円
（特別展は別途）

古代の遺跡や古墳が残る
史跡の町・播磨を歩く

時代
古　代

探訪エリア
加古郡播磨町

移動距離
約3.6km

所要時間
約2.5時間

費用
200円

播磨町は兵庫県下で一番面積が狭いが、弥生時代後期の代表的な遺跡である大中遺跡をはじめ、さまざまな史跡が残る町。そんな古代の歴史を訪ねるコースを歩く。JR土山駅南口を出ると、駅前広場に古代の村をイメージさせる物見櫓を模した時計台がある。南口を線路沿いに西に進み、①であいのみちを通って、大中遺跡公園をめざす。この道沿いには、四季折々の花が美しい野添北公園や、カラフルな遊具がある野添であい公園などが整備され、気持ちがよい。つり橋型のメロディー橋「ふるさと橋」を渡りきると、弥生時代に栄えた大中遺跡のある「播磨大中古代の村」が見えてくる。まずは②兵庫県立考古博物館へ。この施設は、参加体験型の新しいスタイルの博物館。子どもだけでなく、大人も楽しめる要素が豊富にある。③大中遺跡へもすぐ。甲子園球場より広いこの大中古代の村には、一般公開されている復元住居があり、悠久の古代を偲ぶことができる。大中遺跡の出土品などを展示紹介する④播磨町郷土資料館に立ち寄ったら、考古博物館側から喜瀬川沿いの遊歩道に出て⑤新井の埋樋に向かう。これは地域のスーパースター・今里傳兵衛による通水施設。これを見て橋を渡り、⑥愛宕塚古墳をめざす。

スタート JR土山駅
約100m 徒歩1分
①であいのみち
約1.1km 徒歩13分
②兵庫県立考古博物館
すぐ
③大中遺跡
すぐ
④播磨町郷土資料館
約650m 徒歩8分
⑤新井の埋樋
約1.1km 徒歩14分
⑥愛宕塚古墳
約650m 徒歩8分
ゴール JR土山駅

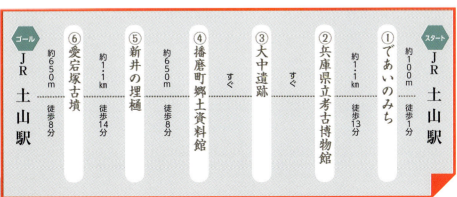

①であいのみち

昭和59（1984）年に、廃線となった別府鉄道線路跡に整備された道。平成24（2012）年には、「歴史との〝であい〟ミュージアムロード」として再整備され、6つのタイムトンネルゲートと歴史上の出来事を紹介した解説版も設置されている。

70種類以上の草木が植えられ、美しいコントラストを醸す緑道

②兵庫県立考古博物館

国史跡大中遺跡の南側にある博物館。参加体験型の新しいスタイルの施設で、館内は、テーマ展示室、特別展示室、発掘ひろば、無料ゾーンの4つのエリアに分けられる。無料ゾーンには、勾玉づくりなど、毎日楽しめる古代体験ができる体験学習室や関係資料を備える情報プラザがある。有料ゾーンの発掘ひろばでは、発掘など体験型の仕かけがそろっている。テーマ展示室は、兵庫県の歴史を「人・環境・社会・交流」という4つのキーワードで解き明かす展示室。試したり触ったりすることで考古学を身近に感じることができる。特別展示室では一年に4回の展覧会も開催する。

加古郡播磨町大中1-1-1　079-437-5589
9：00～18：00（10～3月は～17：00、入館は各30分前まで）
月曜休み（祝日の場合は翌平日）
入館料200円

③大中《おおなか》遺跡

昭和37（1962）年、中学生によって発見された弥生時代終わりから古墳時代初めにかけての遺跡。住居跡が数多く発見され、土器や鉄器、砥石とともに、中国と交流があったことを示す青銅製の内行花文鏡片《ないこうかもんきょうへん》が出土し、昭和42（1967）年、国の史跡に指定された。アプリをダウンロードすると、古代の暮らしを再現した映像を見ることができる。

弥生時代に生えていた植物も復元されている

④播磨町郷土資料館

国指定史跡「大中遺跡」の出土品や弥生時代の人々の暮らしを展示紹介している。常設展では、郷土の偉人、ジョセフ・ヒコや今里傳兵衛、別府鉄道などの資料を展示している。古代体験ができる。「火起こし体験」など、館の裏手には、廃線になった別府鉄道のディーゼル機関車（DC302号）と客車（ハフ5）を展示している。

大中遺跡の出土品のレプリカ

加古郡播磨町大中1-1-2
079-435-5000
9：30 ～ 18：00（10 ～ 3月は～ 17：00）
月曜休み（祝日の場合は翌日）
無料

⑤新井《しんゆ》の埋樋《うずみび》

寛文13（1673）年の「新井水道記」によると、川底に箱を埋めて、水を通したと記され、埋樋と呼ばれる。今里傳兵衛によるもので、資料館には模型を展示している。

⑥愛宕塚古墳《あたごづか》

古墳時代中期（5世紀初期）の円墳で、朝顔形埴輪や円筒埴輪の一部が出土し、この地を治めていた豪族の墓と考えられている。直径22メートル、高さ2・2メートル、周りには幅4・5メートルの濠がめぐらされている。古墳の上には「愛宕さん（愛宕神社・旧阿多古神社）と呼ばれる祠があり、厨子とお札が収められている。毎年8月24日の愛宕盆には、「無病息災、家内安全」を祈願する「数珠繰り」が行われる。

加古郡播磨町野添2-9
見学自由

ゆかりのお土産

大中遺跡せんべい

648円（15枚入り）～

地元の鶏卵、国産小麦を使った関西風卵せんべい。どこか懐かしい素朴な味わいだ。表面に焼印で竪穴式住居が描かれている。

長谷川銘菓堂明幹店
加古郡播磨町古田3-2-20　079-435-3310
9：00 ～ 19：30　無休

縁結びの神・高砂神社や旧家が残る

高砂町でレトロな町並みめぐり

時代	江戸〜明治
探訪エリア	高砂市
移動距離	約３㎞
所要時間	約2.5時間
費用	０円

山陽電鉄高砂駅南側に広がる高砂市高砂町は、「兵庫県歴史的景観形成地区」に選ばれた、美しい町並みが残るエリア。また、赤穂市坂越などとともに、北前船寄港地・船主集落として、日本遺産の追加認定を受けた。謡曲『高砂』発祥の地として知られる高砂神社や開館したばかりの工楽松右衛門旧宅など、歴史が息づく高砂町をめぐるコース。主な見学スポットの前には史跡などを説明する石柱や町名の由来板が設置され、大変わかりやすい。山陽電鉄高砂駅南口から、観光案内所の前を通って踏切まで出たら南へ。北本町交差点を左折して①**大崎家住宅**をめざす。江戸時代、高砂は加古川舟運と海運の交易拠点として繁栄した。堀川沿いには商家や蔵が軒を連ね、百間蔵や番所もあり、物資や人の交流も盛んだった。②**花井家住宅**や③**松宗蔵**もその名残。堀川沿いを南に下り、全国的にも有名な縁結びスポット④**高砂神社**へ。そして、高砂の新名所⑤**工楽松右衛門旧宅**に行く。三連蔵の横を通り、⑥**十輪寺**へ。このあたりは旧国鉄高砂線の線路跡で、昔の車輪が展示されている。最後に⑦**申義堂**へ。高砂町は、江戸時代からの29町名がそのまま残る町。その由来看板や旧高砂銀行本店など国登録有形文化財の建物も見学しながらめぐりたい。

スタート
山陽電鉄 高砂駅
約800m 徒歩10分
①大崎家住宅
すぐ 徒歩1分
②花井家住宅
すぐ 徒歩1分
③松宗蔵
約550m 徒歩7分
④高砂神社
約190m 徒歩2分
⑤工楽松右衛門旧宅
約400m 徒歩5分
⑥十輪寺
すぐ 徒歩1分
⑦申義堂
約700m 徒歩9分
ゴール
山陽電鉄 高砂駅

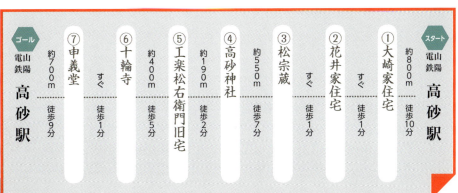

①大崎家住宅

高砂町藍屋町にあり、明治時代後期に建築された家屋。材木問屋を営んでいた大崎家が隠居邸として建てた。通りに面した2階建ての町屋で正面1階に格子が設けられている。2階の軒両側に、延焼防止用ともいわれるうだつがある。内部は通り土間沿いに3室並び、土間には防空壕の痕跡がある。裏には北堀川が流れていた。

②花井家住宅

明治時代後期に建築された。花井家は、昭和初期頃まで肥料問屋を営んでいた商家。厨子2階建てで、正面と2階に格子が設けられた町屋建築だ。間口が広い近代の商家で、現在は、県民交流広場「高砂来て民家」として活用されている。

③松宗蔵

文政6（1823）年に建築された蔵で、梁に年号が残る。「松宗」の商標をもつ海運産物商の田尻家が、商品を収蔵する蔵として使用していた。外部は白漆喰壁と板壁、内部は荷物などで傷がつかないように上部まで木を貼ったという、舟運で栄えた高砂の面影を残している。

①高砂市高砂町藍屋町1667
079-432-8785（加藤）
内部見学は要相談

②高砂市高砂町高瀬町1511
079-443-5306
9：30 ～ 12：00、
13：00 ～ 16：00
（水曜は9：30 ～ 12：00）
月・火・木・金曜休み

③高砂市高砂町東浜町1254
079-442-0017（田尻）
内部見学は要相談

④高砂神社

世阿弥の謡曲『高砂』発祥の地。起源は今から約1700年前。神功皇后が、三韓より凱旋する途中で鹿子水門《かこのみなと》に停泊し、国家鎮護のために大己貴命《おほなむちのみこと》を祀ったのが始まりとされる。その後、天禄年間に疫病が流行り、素戔嗚尊《すさのおのみこと》と奇稲田姫《くしなだひめ》の夫婦を併せて祀ったところ、疫病がおさまったそう。境内の相生の松は雌雄一体の珍しい形で、その昔、一本の根から雌雄の幹が左右に分かれた松が生えた。ある日「尉と姥《じょうとば》」に姿を変えた伊弉諾尊《いざなぎのみこと》と伊弉冉尊《いざなみのみこと》の二神が現れ、「我は今より神霊をこの木に宿し、世に夫婦の道を示さん」と夫婦のあり方を説いた。このことからこの木は相生の霊松と呼ばれ、この松の前で結婚式を挙げるようになった。縁結びと夫婦和合の象徴として信仰されるようになった高砂神社は、庶民の結婚式の発祥の地でもある。神社の境内には、高砂城跡の石碑、工楽松右衛門の銅像もある。

高砂市高砂町東宮町190
079-442-0160
参拝自由

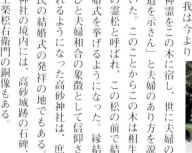

⑤工楽《くらく》松右衛門《まつえもん》旧宅

江戸時代に、海運業や港湾改修などを行った工楽松右衛門の居宅。加古川舟運や海運の港町として栄えた高砂、南堀川の船着き場前にある。我が国の帆布製造の始祖として知られる初代松右衛門は、高砂町で生まれた。従来の帆布に改良を加え、厚地大幅物の帆布の織り上げに成功、「松右衛門帆」と呼ばれて全国の帆船に用いられるようになった。また、幕府の命を受けて千島の択捉島に埠頭を築くなど、優れた技術者として活躍した。主屋は本瓦葺き木造2階建てで江戸時代後期の建物。1階は、通り庭に井戸や炊事場があるほか9部屋あり、2階は7部屋ある。堀川護岸の石垣や雁木という積み上げ下ろし用の石階段遺構がみつかり、駐車場の一角に一部公開展示している。

1階次の間

土間吹き抜け

高砂市高砂町今津532
079-490-4790
9：00～18：00
無休
無料

⑥十輪寺

弘仁6(815)年、弘法大師が勅命により創建し、のちに法然上人が寺を復興、浄土宗に転宗したと伝えられ、絹本着色五仏尊像(重要文化財)など、貴重な仏画が残る。境内には7780基の墓標が残る。高麗仏と呼ばれる宝篋印塔は、文禄元年(1592)に豊臣秀吉が朝鮮に出兵した際、徴発された高砂の水主100人のうち96人が暴風にあって溺死、その供養のために建てられたもの。幕末の学者、菅野白華の墓もある。

高砂市高砂町横町1074
079-442-0242
拝観自由

⑦申義堂

文化年間(1801～1818)に高砂町に創設された学問所。姫路藩家老・河合寸翁の命により、当時高砂の大年寄りであった岸本吉兵衛が土地・建物を提供した、町民による町民のための教育機関。

高砂市高砂町横町1074-5
079-443-2388
10：00～16：00
月～金曜休み(祝日は除く)
無料

ゆかりのお土産

野路菊の里 113円

兵庫県花「のじぎく」を模した愛らしい焼き菓子。上質な白いんげん豆を炊いた白あんに地元産の新鮮な卵黄、北海道産の練乳を加えている。生地にも練乳が練りこまれた和洋折衷の上品な一品。

柴田最正堂　高砂市高砂町南本町907-2
079-442-1737　8：00～18：00　水曜休み

秀吉ゆかりの城下町三木 風情豊かな湯の山街道を行く

時代	戦国～昭和
探訪エリア	三木市
移動距離	約4km
所要時間	約3.5時間
費用	0円

別所長治公、そして秀吉に愛された城下町、三木。形染・大工道具・金物の町としても有名だ。三木は、参勤交代や西国から有馬へ向かう湯治客なども往来した湯の山街道とあかし道、ひめじ道が交差し、交通の要衝としても栄えてきた。街道とともに三木の歴史スポットをめぐるコースを紹介する。三木駅を出て川を渡り、ひめじ道へ。江戸時代から続く金物屋には、前挽き鋸の看板が残る。**①旧玉置家住宅**では、外観からは想像できない母屋の奥行きの深さに驚く。秀吉にもゆかりのある**②本要寺**から、**③旧小河家別邸**へ。国登録有形文化財の建物と庭との調和が美しい。85段の階段がある大宮八幡宮の参道を横切り、**④雲龍寺・別所長治公首塚**に向かう。寺の前の道が**⑥三木城跡**に続いている。まずは、**⑤三木市立金物資料館**へ。石碑の前に立つと、『村のかじや』の曲が流れてくる。金物関係の資料も豊富だ。**⑤金物神社**でお参りをしたら、脇の階段を降り本丸跡へ。三木のシンボルの一つ、長治公の石像があるのがこちら。なめら商店街を抜け、**⑦湯の山街道**へ。**⑧本長寺・義民の墓**から戎神社へ続く街道沿いには、虫籠窓やうだつがあがる古民家が点在し、風情たっぷり。**⑨ギャラリー湯の山みち**に寄って、ゴールの恵比須駅をめざす。

スタート 神戸電鉄 三木駅

約500m　徒歩6分

①旧玉置家住宅

約130m　徒歩2分

②本要寺

約450m　徒歩6分

③旧小河家別邸

約750m　徒歩10分

④雲龍寺・別所長治公首塚

約260m　徒歩3分

⑤三木市立金物資料館・金物神社

約150m　徒歩2分

⑥三木城跡

約550m　徒歩7分

⑦湯の山街道

⑧本長寺・義民の墓

約500m　徒歩6分

⑨ギャラリー湯の山みち

約650m　徒歩8分

ゴール 神戸電鉄 恵比須駅

①旧玉置家住宅

文政9（1826）年、上州館林藩（群馬県）の財政立て直し策を図るため、切手会所（今の銀行）として建てられたのがはじまり。それを示す「棟札」も残っている。玉置家の住宅となったのは、明治8（1875）年のことで、それ以降に建築された離れ座敷、渡り廊下には、当時の匠技が施されている。建物の裏側に回ると、高瀬舟の底板を再利用した舟板壁がよく見える。国登録有形文化財。

三木市本町2-2-17
0794-83-8400（三木市観光協会）
10：00～16：00
火曜休み
無料

②本要寺

三木合戦で残った寺で、秀吉が最後の本陣とした。境内には、三木住民の税を免除した秀吉の制札を納めた宝蔵と、制札を守って町を救った三木義民を讃える碑がある。毎年義民祭が行われている。

三木市本町2-3-6
0794-82-0233
拝観自由

③旧小河家別邸

建築年代は不明だが、明治末期に造営された住宅と考えられる。北側に表門を構え、西に沿って番人小屋、物置、女中部屋などを配し、敷地の南半分に母屋と中庭を挟んで離れ座敷と蔵がある。建物の材料には、全国から取り寄せられた銘木が使用され、当時の精巧な匠技が随所に見られる。昭和4（1929）年には、朝香宮鳩彦王《あさかのみややすひこおう》の宿泊所となり、上段の間や貴人用浴室、便所などの改築が行われた。庭園は、高い技術が施された池泉回遊式庭園として造られている。

三木市本町3-6-24
0794-83-8400
（三木市観光協会）
10：00～16：00
月～水曜休み
無料

④雲龍寺・別所長治公首塚

別所長治が自刃の際、住職に後を託し、愛用の金天目の湯呑みを贈った。首実検の後、住職が長治夫妻の首を貰い受けて埋葬したと伝わる首塚が残る。寺では、毎年1月17日に別所公祥月命日法要が行われる。

三木市上の丸町9-4
0794-82-0740
拝観自由

⑤三木市立金物資料館・金物神社

昭和51（1976）年に金物神社の境内に設立され、三木金物の伝統的技法や「鍛冶用具と製品」（国登録有形民俗文化財）など、貴重な資料を保存、展示している。毎月第1日曜には、ふいごを使い古式にのっとった古式鍛錬の実演が行われる。

三木合戦後、町場の復興に集まった大工職人は、地子免除もあり、延享元年（1744）で140軒になっていた。これら木工関係の職人に道具を提供するため、金物生産が本格化したと考えられる。

三木市上の丸町5-43
0794-83-1780
10：00～17：00
月曜休み（祝日の場合は翌日）　無料

⑥三木城跡

天正6（1578）年、別所長治は、織田信長と戦い、信長の家臣、羽柴秀吉の大軍に包囲された。攻防1年10カ月、兵糧攻め策力にあい、天正8（1580）年1月17日に、別所一族は自刃して三木城を開城した。開城後は、秀吉の支配下となり、その後江戸幕府による一国一城令により元和3（1617）年、三木城を壊して明石に移築した。城塀に囲まれた本丸跡に「今はただうらみもあらじ諸人のいのちにかはる我身とおもへば」と記された長治公辞世の句がある。唯一残る大きな井戸は、民に兵糧を運び込む抜け穴だったという説も残る。

三木市上の丸町
見学自由

⑦湯の山街道

平安時代に整備が始まった、姫路から三木を経由して有馬の湯に通じる道。戦国時代には、秀吉が三木合戦の最中、兵卒のけがや有馬の湯を汲んできて安福田の野風呂で療養させたと伝わる。また、軍師の竹中半兵衛も病気療養のため、この道を通ったといわれる。江戸時代には、参勤交代や西国からの湯治客が往来した。虫籠窓やうだつ、舟板壁が残る古民家が点在し、風情ある道になっている。

志るしの杉玉がつるされた風情ある外観の造り酒屋「稲見酒造」

⑧本長寺・義民の墓

秀吉から与えられた母衣を持ち、江戸幕府に直訴した二人の義民に対する道徳を偲ぶ冬の義民祭が行われる。

三木市府内町6-43
0794-82-6173
拝観自由

⑨ギャラリー 湯の山みち

湯の山街道筋の古地図などを展示した三木の歴史文化の案内の場。三木の産業史に彩りを添える和装文化の粋、衣装模様を全国に売り広めた三木の染形紙の資料を保存・展示する。その他、三木の古産業の一つ、十露盤の展示もしている。

ゆかりのお土産

俵もなか
1個 140円

天下の名酒、灘の木一本を生む酒米・山田錦の生産地にちなみ、米俵の形をした皮に、独自の製法で炊き上げた風味豊かなつぶ餡を詰めた一品。

明月堂 三木市本町3-3-21
0794-82-2341　8：30～19：00（日・祝は～18：30、火曜は9：00～16：00）　不定休

三木市大塚2-2-20
0794-82-7873
10：00～17：00　無休

HARIMA
播磨
その六

丹波 但馬 摂津 淡路

忠臣蔵のふるさと赤穂で

義士ゆかりの地をめぐる

時代
江　戸

探訪エリア
赤穂市

移動距離
約3.7km

所要時間
約4時間

費用
200円

ＪＲ播州赤穂駅をスタートして、忠臣蔵ゆかりの地・赤穂城下をめぐるコース。南口を出て、両側に松の木が植えられたお城通りを南に進み、３つ目の交差点近くにいきつぎ広場がある。その一角の①**義士あんどん**で、まずは忠臣蔵の勉強を。同じ広場内の②**息継ぎ井戸**を見学してから③**花岳寺**に向かう。花岳寺山門前から赤穂城の堀までの道が④**御成道**。「殿様のおな〜〜り」と、かつては浅野の殿様も花岳寺に向かうときはこの道を通ったといわれる。隅櫓を見ながら太鼓橋を渡り、大手門から城内へ。⑤**大石邸長屋門**は、道向かいにある近藤源八宅跡長屋門とともに現存する江戸時代からの門。長屋門の塀づたいに進み、大きな石鳥居をくぐって、⑥**赤穂大石神社**へ。忠臣蔵や大石内蔵助ゆかりの宝物が多数残る宝物館や大石邸で元禄時代にタイムスリップ。神社も含む⑦**赤穂城跡**には、磯貝十郎左衛門ら**義士宅跡**があり、案内板が立っている。本丸門から**本丸庭園**へ。一番南側の天守台から望む景色もすばらしい。今なお整備が進む**二之丸庭園**を見学した後は、武家屋敷公園を通って⑧**赤穂市立歴史博物館**へ。２階に義士に関する展示がある。博物館から大手門方向に進み、お城通りを通り播州赤穂駅へ向かう。

スタート JR播州赤穂駅

約550m 徒歩7分

①義士あんどん

約10m 徒歩すぐ

②息継ぎ井戸

約170m 徒歩2分

③花岳寺

約500m 徒歩6分

④御成道（約500m・徒歩6分）

約300m 徒歩3分

⑤大石邸長屋門

約280m 徒歩3分

⑥赤穂大石神社

約280m 徒歩3分

⑦赤穂城跡（本丸庭園・二之丸庭園・義士宅跡）

約400m 徒歩5分

⑧赤穂市立歴史博物館

約1.2km 徒歩16分

ゴール JR播州赤穂駅

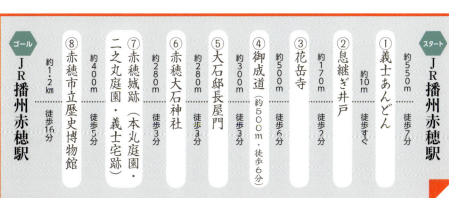

①義士あんどん

9時～20時の毎正時、太鼓の音とともに「松の廊下・早かご・かちどき」の3場面を再現する時計。コンパクトにまとめられた3分間の一幕は一見の価値あり。

②息継ぎ井戸

早水藤左衛門・萱野三平が、主君刃傷の凶報をもって、江戸から約600kmを早かごで4日半かけて駆けつけた際、この井戸で一息ついて城内へ入ったとされる。

③花岳寺《かがくじ》

赤穂藩祖・浅野長直によって正保2（1645）年に建立され、赤穂事件後は、歴代藩主の菩提寺。浅野家と義士に関する貴重な資料を展示する宝物館、千手観音尊像と四十七義士の彫像を安置する義士木像館、義士墓所がある。また、内蔵助が赤穂を出ていく際に墓参りに訪れ、名残を惜しんだ場所に植えられた大石名残の松（今は二代目）や、当時の赤穂藩民が義士の死を悲しみ、つきすぎたため鳴らなくなったという、鳴らずの鐘も残る。

義士木像館の顔が一番本物に近いといわれている

赤穂市加里屋1992
0791-42-2068
9：00 ～ 16：00
拝観無料（宝物館・義士木像館・義士墓所は400円）

④御成道《おなりみち》

お城の大手門から、菩提寺である花岳寺までの南北の道はかつて「御成道」と呼ばれ、お殿様が往来していた道。この道沿いには古い町屋が残り「赤穂市市街地景観重要建築物」に指定されている。昔ながらの格子窓や白壁に風情がある。

⑤大石邸長屋門

浅野赤穂藩の家老、大石家3代の屋敷の長屋門。屋敷は308畳もの広大な邸宅だった。刃傷事件の際、早水藤左衛門・萱野三平の2人がこの門をたたいたといわれている。

斜め向かいにある近藤源八宅跡長屋門とともに、天保年間の火災も免れ、城内に残された数少ない江戸時代の建造物として貴重なもの。

⑥赤穂大石神社

大正元年（1912）、浅野家の家老・藤井又左衛門と大石内蔵助の屋敷跡に、四十七士らを祀る神社として創建した。表参道には、東側に討ち入りの表門隊23人、西側には裏門隊24人の石像が並ぶ。社殿の周りには「忠臣蔵ものがたり」という絵馬型絵巻があり、これを読むと「忠臣蔵」の話がよくわかる。義士宝物殿には、討ち入りに使った采配や呼子鳥笛といった義士ゆかりの遺品が並び、忠臣蔵ファンは必見だ。

当時の様子を人形で再現

義士討ち入り満300年を迎えた平成14（2002）年に一新された社殿

赤穂市上仮屋旧城内
0791-42-2054
8：30 ～ 17：00
参拝無料
（大石神社義士史料館は450円）

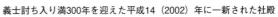

⑦赤穂城跡

【本丸庭園・二之丸庭園】

浅野長直によって慶安元年（1648）から13年の歳月をかけて築かれた赤穂城は、近世城郭史上珍しい変形輪郭式の海岸平城。藩の家臣で軍学師範の近藤正純が設計し、二之丸門虎口の縄張は、当時著名な軍学者だった山鹿素行の手が加えられたと伝わる。

本丸内には、刃傷事件後に大石内蔵助らが大評定に集まった御殿の間取りが復元されている。天守台からは本丸内はもちろん、赤穂の風景を眺めることができる。本丸櫓門（展示室）は、年数回、特定の土日・祝日に一般公開されており、内部では赤穂城跡の発掘調査成果、整備などについての展示を観覧することができる。

二之丸庭園は、本丸門前にある大石頼母助屋敷南面から二之丸西仕切にまでに至る池泉からなる大規模な庭園だ。屋敷部は流れの池泉であるのに対し、南西部池泉は水深が深く、船遊びが可能な雄大な規模を誇る。年2～3回、不定期で屋形舟遊覧も行っている。

本丸門

御殿の間取りを復元

天守台

山鹿素行の像

【義士宅跡】

赤穂義士のうち、21名が赤穂の城下町や城内に屋敷を構えていた。現在は民家や公園、空き地となっているが、それぞれの義士宅跡には、義士を紹介する案内板と石標が立っている。

武家屋敷跡の武家屋敷公園は花見の名所

石標を探す城下町めぐりも楽しい

赤穂市上仮屋
見学自由（本丸庭園・二之丸庭園は 9：00～16：30、入園は～16：00）
無休　無料

⑧赤穂市立歴史博物館

「塩と義士の館」を愛称に、市内外から親しまれるミュージアム。赤穂の塩、赤穂の城と城下町、赤穂義士、旧赤穂上水道の4テーマで構成される。赤穂義士をテーマとするコーナーは2階にあり、義士シアターが楽しめるほか、史実と文化両面から赤穂義士をとらえている。

赤穂市上仮屋916-1　0791-43-4600
9：00～17：00（入館は～16：30）
水曜休み（祝日の場合は翌日）　入館料200円

足をのばして

赤穂八幡宮

ご祭神は、応神天皇、神功皇后、仲哀天皇で、応永13（1406）年に今の場所に移されたとされる。大石内蔵助ゆかりの布袋額や石灯篭、また、赤穂義士関係の書状も多く残る。境内には大石お手植えの櫨の木もある。

赤穂市尾崎203
0791-42-2268　参拝自由

おせど（伝大石良雄仮寓地跡）

大石内蔵助が仮住まいとして約50日間滞在したとされる住居跡。刃傷事件後、城明け渡し後の残務処理の場として使われたそうだ。現在は、内蔵助が建立した大石稲荷の祠や池の跡、記念碑などが残る。

赤穂市尾崎738-3
見学自由

大石名残の松

開城の残務処理を済ませ、花岳寺で浅野内匠頭長矩の百ヶ日法要を営んだ内蔵助は、赤穂御崎から家族の待つ大坂へ旅立った。その時、船から何度も見返り、名残を惜しんだのが、この松の木だったといわれる。（現在は三代目）

ゆかりのお土産

塩味饅頭

落雁のような皮のなかに、赤穂名産の塩を加えた小豆のこしあんが入った饅頭。伝統ある和菓子で、義士討ち入り後は「義士まんじゅう」といわれていた歴史もある。赤穂情報物産館では市内7社の商品を扱っているので、ぜひ好みの一品を手に入れたい。

赤穂情報物産館　赤穂市加里屋2208　0791-43-5920
10：00～17：00　水曜休み

秦河勝ゆかりの大避神社や生島

北前船寄港地・坂越で町歩き

時代	江　戸
探訪エリア	赤穂市坂越
移動距離	約 4.5km
所要時間	約 3 時間
費用	0円

坂越《さこし》は7世紀半ば、都から蘇我入鹿の難を逃れてきた秦河勝《はたのかわかつ》が漂着し、この地で没して生島に埋葬されたという漂着伝説もあるように歴史は古く、17世紀後半からは廻船業で発達してきた町。町の中心部には、「伝統的歴史的建造群」に指定された古い町並みが残る。平成30（2018）年に北前船寄港地・船主集落として日本遺産に追加登録された。北前船ゆかりの地をめぐるコースを紹介する。JR坂越駅を南へ、坂越橋を渡って川沿いに東へ進み**①高瀬舟着場跡**へ。高瀬舟で運ばれてきた内陸部の物資を坂越で陸揚げし、坂越港へ運んで大阪方面に出荷していた。そのルートをたどるように、木戸門を通って町の中心地へ。石畳の美しい道は、かつて一大物流拠点として大いに栄えた通りだ。**②坂越まち並み館**で、坂越の町のことを知る。さらに南に進み**③奥藤酒造郷土館**へ。郷土館は、酒造、廻船、漁業関係の資料が展示されている。**④旧坂越浦会所**は、赤穂藩主も来浦の際に休憩所として使用した施設。2階から見る景色は何ものにも代えがたい。**⑤坂越ふるさと海岸**からは、**生島**が間近に見える。寄港した北前船の廻船が風よけとして島影を利用したそうだ。**⑥大避神社**では、拝殿両脇の絵馬堂で、廻船業者が航海安全を願って奉納した船絵馬をぜひ見てほしい。

スタート

JR坂越駅

約1.2km　徒歩15分

①高瀬舟着場跡

約500m　徒歩7分

②坂越まち並み館

約50m　徒歩1分

③奥藤酒造郷土館

約100m　徒歩2分

④旧坂越浦会所

約140m　徒歩2分

⑤坂越ふるさと海岸（生島）

約500m　徒歩8分

⑥大避神社

約2km　徒歩27分

ゴール

JR坂越駅

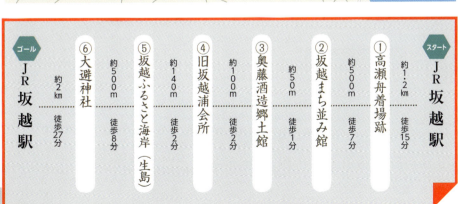

①高瀬舟着場跡

高瀬舟は、18世紀には坂越村に着岸していたことが知られている。その後、内陸部との流通に重要な役割を果たした。内陸部の薪などの物資を坂越で陸揚げし、大八車などで鳥井坂を越えて坂越港へ運び、大阪方面への廻船に積み込んだという。

平成30（2018）年、高瀬舟の船着場をイメージして整備された

見学自由

②坂越まち並み館

旧奥藤銀行を修景整備した施設で、坂越のまち並み景観創造のための拠点となっている。館内では、坂越ゆかりの展示品や奥藤銀行時代の金庫も見学できる。観光客の案内所も兼ねているので、パンフレットなどもここで入手可能。

赤穂市坂越1446-2　0791-48-7770
10：00～16：00
火曜休み（祝日の場合は翌日）　無料

③奥藤酒造郷土館

慶長年間（1596～1615）から約420年続く赤穂市唯一の造り酒屋。300年以上前に建てられた酒蔵も現存する。黒い羽目板に白い塗込め窓が美しい酒蔵の一角にある郷土館では、大庄屋や船主庄屋も務めた奥藤家に残る昔の酒造道具、廻船業関係の資料、生活用具などを自由に見学できる。

赤穂市坂越1419-1　0791-48-8005
9：00～17：00　不定休　無料

④旧坂越浦会所

行政や商業の事務をとるための村会所として天保2～3（1831～1832）年に建築され、会所機能とともに赤穂藩主の休憩所としても使用されていた。2階にある部屋「観海楼」からは、坂越湾が一望できた当時の様子がうかがえる。

赤穂市坂越1334　0791-48-7755
10：00～16：00
火曜休み（祝日の場合は翌日）無料

⑤坂越ふるさと海岸（生島《いきしま》）

原生樹林が国の天然記念物に指定された生島が目の前に見える。散策はもちろん、魚釣り、海水浴に適した、平成16（2004）年に完成した延長約890メートルの人工海岸。生島は周囲1・63キロの小島だが、古来大避神社の神地として樹木の伐採を禁じられたため、原始の状態をよく保っており、古墳時代前半の古墳も残っている。また、祭礼時に神事が執り行われる御旅所や祭礼用和船を保管する船倉がある。

⑥大避《おおさけ》神社

ご祭神の秦河勝《はたのかわかつ》は、中国より渡来した秦氏の子孫で、氏の長として数朝に仕え、特に聖徳太子に寵任された。皇極3（644）年、太子亡き後に、蘇我入鹿からの迫害をさけ、海路坂越に着いた。その後は千種川流域の開拓を進め、大化3（647）年に80余歳で亡くなった。河勝公の御霊が神仙化し、村人が朝廷に願い出て、祠を築き祀ったのが、大避神社の創建と伝わる。拝殿両脇の絵馬堂には、40数枚におよぶ大小の絵馬が掲げられている。昔、坂越が廻船業で繁栄していたことを示す船絵馬が特に目を引き、なかには、日本で最も古い時代のものも残る。毎年10月第2土・日曜に開催される国の重要無形民俗文化財の「坂越の船祭」は、瀬戸内三大船渡御祭の一つに数えられる。

赤穂市坂越1299
0791-48-8136
参拝自由

ゆかりのお土産

地酒「忠臣蔵」「乙女」

創業慶長6（1601）年。江戸時代には赤穂藩の御用酒屋も務めた歴史のある酒蔵。すっきりとした口あたりのよい辛口から、ワインのように芳醇な甘口まで、多彩にそろう。店内では試飲もできる。

奥藤商事
赤穂市坂越1419-1　0791-48-8005
9：00～17：00　不定休

足をのばして

黒崎墓所

坂越港は、瀬戸内の主要港として繁栄したが、発展とともに従事者や旅人たちの海難死や病死を伴った。坂越浦では、他領の人の墓地を設けて埋葬した。秋田から種子島までの130人が葬られ現存する墓碑は80余りだ。

赤穂市坂越2851-16
マリンプラザ2001駐車場に隣接　見学自由

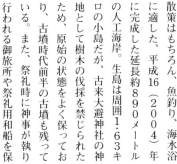

醤油の聖地にして童謡のふるさと
文化の香り漂う龍野を歩く

揖保川沿いに栄えた城下町・龍野は、白壁の土蔵が残る情緒ある雰囲気から、播磨の小京都とも呼ばれる。淡口醤油の発祥地でもあり、明治期以降も三木露風をはじめ、多くの文化人を輩出してきた。醤油と文化の香り高い、龍野城下の落ち着いた町並みを歩くコース。JR本竜野駅西口から西へ向かう。龍野橋東詰の交差点から北へ上がり、揖保川にかかる歩行者専用の赤い橋、旭橋を渡る。国道179号を横切り、4つ目の筋の角にある**①伏見屋商店**へ。ここは露風も通っていた書店だとか。ほどなく**②うすくち龍野醤油資料館**へ。如来寺周辺は、白壁の町並みが残るエリア。醤油の香りも漂い、醤油の町ならではの風情を感じる。**③醤油の郷 大正ロマン館**では、買い物や食事もできる。龍野城に続く道沿いに、露風が6歳まで暮らした**④三木露風生家**がある。そこから**⑤龍野城**へ。本丸御殿を見学し、隅櫓付近の出入り口から階段を下りて、小さな川を渡り**⑥聚遠亭**をめざす。聚遠亭は御涼所の方から入る。龍野神社に上がる道を横切り、**⑦文学の小径**へ。終点近くにある三木露風の**⑧赤とんぼ歌碑**を見たら道を左折し、**⑨武家屋敷資料館**をめざす。次の交差点を南へ折れ、龍野橋からJR本竜野駅へ向かう。

時代
江戸～昭和

探訪エリア
たつの市

移動距離
約 5.6㎞

所要時間
約3.5時間

費用
10円

スタート JR本竜野駅

約1.3km 徒歩16分

①伏見屋商店

約170m 徒歩2分

②うすくち龍野醤油資料館

約80m 徒歩2分

③醤油の郷 大正ロマン館

約70m 徒歩1分

④三木露風生家

約100m 徒歩2分

⑤龍野城

約650m 徒歩10分

⑥聚遠亭

約280m 徒歩3分

⑦文学の小径（約450m 徒歩7分）

⑧赤とんぼ歌碑

約500m 徒歩6分

⑨武家屋敷資料館

約2km 徒歩24分

ゴール JR本竜野駅

①伏見屋商店

かつて露風や三木清らも本を求めた大型書店。2階には今なお書棚が残り、回廊式の造りは古きよき時代の風情がある。

たつの市龍野町
上川原79
0791-62-0091
9：00 ～ 18：00
日曜、第2土曜休み

②うすくち龍野醤油資料館

龍野醤油醸造のはじまりは、天正15（1587）年からと伝わる。この資料館には、昭和初期まで蔵人が使っていたこうじむろ・桶・樽などの道具や、文献・資料などをそろえており、醤油づくりの今昔を知ることができる。醤油会社本社であったレンガ造りの建物は平成20（2008）年に国の登録有形文化財に登録された。

たつの市龍野町大手54-1
0791-63-4573
9：00 ～ 17：00
（入館は～ 16：30）
月曜休み（祝日の場合は翌日）
入館料10円

③醤油の郷 大正ロマン館

龍野歴史的景観地区のランドマークである大正期に建てられた「旧龍野醤油同業組合事務所」をリノベーションした観光交流施設。市内の観光情報や地場産業などを知ることができる。敷地内にある「クラテラスたつの」では、醤油、素麺をはじめとする地場産品の販売や、たつの市の食材のおいしさをオリジナルフードやジェラートなどで味わうことができる。

たつの市龍野町上霞城126
0791-72-8871
10：00 ～ 16：00
月曜休み（祝日の場合は翌日、「クラテラスたつの」は月・火曜休み）

④三木露風生家

露風が6歳まで両親や弟と住んでいた生家。明治4～22（1871～1889）年の間に建築されたものと推測される。武家屋敷の流れをくんだ歴史的な建物で、奥座敷の天井は建築当時からのもの。

たつの市龍野町
上霞城101-3
0791-62-0553
9：30 ～ 16：30
月曜休み（祝日の場合は翌日） 無料

ゆかりのお土産

醤油饅頭

龍野の名産品である「うす口醤油」を使用した蒸し饅頭。生地に練り込んだ醤油のほのかな香りと、北海道産小豆を使ったこし餡の調和が、絶妙の風味を生み出している。城下町では、吾妻堂、鶴崎屋本店、大三萬年堂本店で求めることができる。

⑤龍野城

約500年前、赤松村秀によって鶏籠山に築かれたが、豊臣秀吉に城を明け渡した後、江戸時代には山麓の平山城となった。数回の城主交代を経て、寛文12（1672）年に、信州飯田から脇坂安政が入封し、龍野藩は明治初年まで続く。現在の本丸御殿、多門櫓などは昭和50（1975）年に再建されたもの。

毎週日曜、甲冑・装束体験ができる

たつの市龍野町上霞128-1
0791-63-0907
（歴史文化資料館）
8：30 〜 17：00
月曜休み（祝日の場合は翌日）
無料

⑥聚遠亭《しゅうえんてい》

その昔、ここからの眺望絶景をたたえて「聚遠の門」と呼ばれたことからの命名。心字池上にある浮堂の茶室は、安政年間、城主・脇坂安宅《やすおり》が京都所司代の職にあり、御所が炎上した際その復興に功績があったため、孝明天皇から拝領したものと伝わる。本格和室「楽庵」、龍野藩主脇坂家の武家屋敷「御涼所《おすずみしょ》」もある。

たつの市龍野町
中霞城6
0791-62-2058
9：00 〜 16：30
月曜休み
（祝日の場合は翌日）
無料

紅葉の名所でもある

⑦文学の小径

聚遠亭から赤とんぼ歌碑のところに通じる桜道をいう。小径一帯には、多くの碑が立つ。この辺りは桜の名所で、一目3000本の桜は大変美しい。

⑧赤とんぼ歌碑

文学の小径を下ったところにある。『赤とんぼ』は、露風が32歳の時に作詞した望郷の歌。歌碑五線譜は、山田耕筰の絶筆。露風の銅像と歌碑が並んで立っている。時間があれば童謡の小径まで行きたい。

⑨武家屋敷資料館

建物自体が資料館となっている施設。主屋は、天保8（1837）年頃に建築されたものと推定されている。当時の武家における生活の様子を垣間見ることができる。

たつの市龍野町上霞城45　0791-63-9111
10：00 〜 16：00
月曜休み（祝日の場合は翌日）　無料

8畳と6畳の続き間

懐かしい日本の原風景に会える

播州織の聖地・西脇をぶらり

播州織とは、先染めの綿糸で様々な柄を織り上げる匠の織物。約220年前から、西脇を中心とした周辺市町で作られており、先染綿織物の全国シェア約70%を誇っている。その播州織の産地で、ゆかりのスポットをはじめ、昔懐かしい日本家屋や風景に出会えるコース。東本町高速バスの停留所から、まずは**①旧来住家住宅**へ。旧来住家住宅は、播州織オーダーメイドシャツのショップ「西脇情報未来館21」やレストラン「梅吉亭」を併設している。旧来住家住宅を出て西へ。色とりどりの鯉が泳ぐ疎水に沿う道**②ふれ逢い鯉ロード**を通って、童子山公園内にある**③西脇市郷土資料館**に向かう。資料館のある童子山公園は、約9ヘクタールの広さの公園で、四季折々の花が美しい。展望台からは美しい山並みを背景に西脇の町を一望できる。資料館から総合市民センターの横の道を通り、トンネルを抜けて**④機殿神社**へ。この神社から**⑤播州織工房館**までの道は、昔懐かしい街並みが残るエリア。のこぎり屋根の織物工場をリノベーションした工房館で播州織の商品や素材の買い物を楽しんだら、**⑥旭マーケット**へ。昭和の香りが漂う家並みは二筋あるので、通り抜けて、また一筋を逆に戻って、東本町の停留所へと向かうとよい。

時代
大正～現代

探訪エリア
西脇市

移動距離
約2km

所要時間
約2.5時間

費用
0円

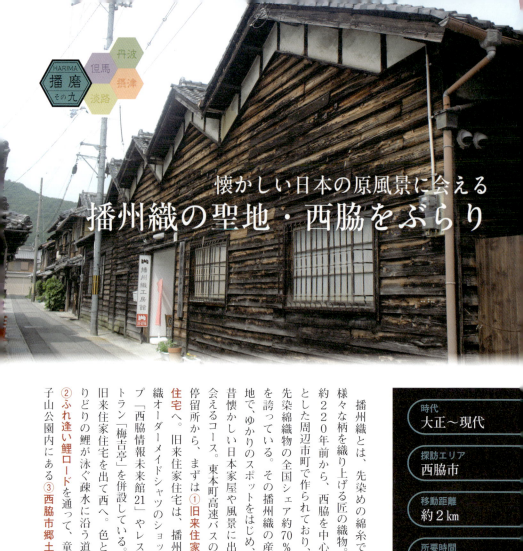

スタート
東本町 高速バス停留所

約270m　徒歩3分

①旧来住家住宅

約270m　徒歩4分

②ふれ逢い鯉ロード（約350m　徒歩5分）

約450m　徒歩6分

③西脇市郷土資料館

約280m　徒歩3分

④機殿神社

約260m　徒歩3分

⑤播州織工房館

約170m　徒歩2分

⑥旭マーケット

ゴール
東本町 高速バス停留所

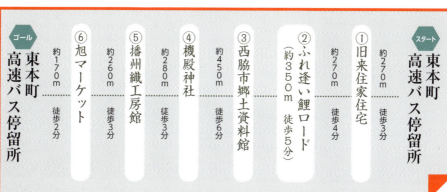

①旧来住《きし》家住宅

大正7（1918）年に来住梅吉氏が建てた高級民家で、国登録有形文化財。当時は犬養毅などが泊まり、伊藤博文の書も残っている。母屋の大戸はクスノキの一枚戸、母屋を支えるケヤキの大黒柱、離れの天井には屋久島の杉板など、全国各地の最高級の材料と技術で建てられたというから一見の価値はある。家屋の総建築費は現在の価値で54億円。でも同じ額を出しても現在建設することは不可能だそう。この梅吉氏の先代が織物業の発祥に関わり、梅吉氏は後に神戸銀行と合併した西脇商業銀行を興し、織物業者への融資にも携わったという。かつて日本画家・橋本関雪も逗留した離れの縁側に腰を掛け、庭を眺めるのも一興だ。

春には前庭一面に芝桜のじゅうたんが広がる

西脇市西脇394-1　0795-22-5549
10：00 ～ 18：00（10 ～ 3月は～ 17：00）
月曜休み（祝日の場合は翌平日）　無料

②ふれ逢い鯉ロード

美しい錦鯉や真鯉が泳ぐ疎水沿いの道。蛇行する疎水に沿って塀が曲線を描く舟形屋敷、村上喜兵衛邸など昔ながらの町屋が並ぶ。好きな人と歩けば恋が成就するともいわれる。

③西脇市郷土資料館

童子山にある郷土の織物とくらしの資料館。播州織の最盛期である昭和30年頃の織物工場が再現されており、木製織機や織柄の変遷も見学できる。県下有数の収蔵品数を誇る民具の企画展も人気。播州織の輸出品に添える中入れ札は持ち帰り可能。今見てもおしゃれなデザインが目を引く。

織物工場が再現されている

西脇市西脇790-14
0795-23-5992
10：00 ～ 18：00（入館は～ 17：00）
月曜休み（祝日の場合は翌平日）
無料

④機殿《はたどの》神社

西脇市発展の礎となった地場産業「播州織」への感謝、心のよりどころとして建立された神社。播州織の発展を願い、昭和33（1958）年に大歳神社の境内に祭祀された。

参拝自由

⑤播州織工房館

織物工場だったのこぎり屋根の建物で播州織の生地や製品を展示販売する。往時の面影を残す館内には、シャツや小物、雑貨などが並ぶ。神戸芸術工科大学との産学連携アイテムや産元商社、作家のオリジナル雑貨などがそろう。月一回2週間ほど、入り口近くの目立つコーナーに一社をクローズアップする「逸品展」を開催している。

西脇市西脇452-1　0795-22-3775
10：00 ～ 17：00
月曜休み（祝日の場合は翌平日）　無料

⑥旭マーケット

昭和の香りが漂い、懐かしい気分に浸るアーケードと家並み。織物工場の女子工員が暮らした共同宿舎の跡地で、現在は一般住宅として活用されている。

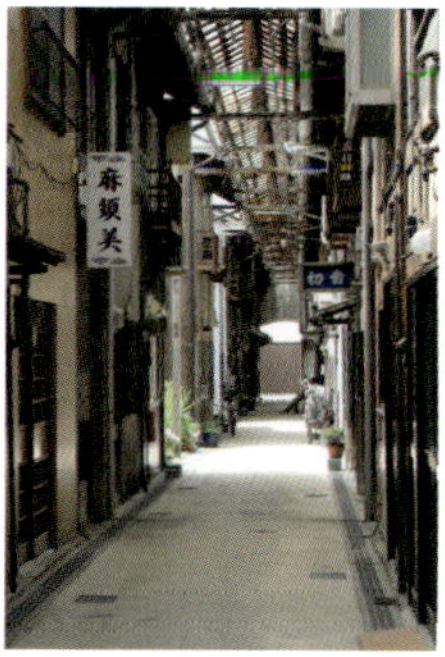

ひと休み

tamaki niime

理想の生地を求めて播州織産地に移住したデザイナー玉木新雌さんの工房＆shop。コットンの無農薬栽培から糸染め、織布、製品化まで一貫して取り組む工房をLabと呼び、Lab見学ツアーも開催している。オンリーワンショールをはじめ、ニットやTシャツ、デニム作品もあり目移りする。

西脇市比延町550-1　0795-38-8113
11：00 ～ 18：00　火曜休み

ゆかりのお土産

へそ最中

1個 140 円

西脇市は知る人ぞ知る、東経 135 度、北緯 35 度が交わる「日本のへそ」。それにちなんで作られた、皮の真ん中が引っ込んだ求肥入り最中だ。注文が入ってから自家製粒餡を詰めるので皮もパリッパリだ。

住吉屋　西脇市西脇974-7　0795-22-3198
8：00 ～ 17：00　不定休

西日で輝く国宝・阿弥陀三尊像の
浄土寺と播州そろばんの里を訪ねる

時代
平安～安土桃山

探訪エリア
小野市

移動距離
約10km

所要時間
約3時間

費用
700円

小野は兵庫県の中南部、東播磨のほぼ中央にある町。小野の中心部は、12世紀中ごろ、東大寺の荘園で「大部庄」と呼ばれた。建久3（1192）年、重源上人《ちょうげんしょうにん》開基の浄土寺は、奈良東大寺ともゆかりが深い名刹で、阿弥陀如来および両脇侍立像が、仏像としては兵庫県唯一の国宝に指定されている。また、日本一の年産量を誇る播州そろばんも小野の誇りだ。このコースでは、浄土寺とそろばんをテーマに小野の町をめぐる。神戸電鉄小野駅から、案内看板に沿って①**小野市立好古館**へ。好古館と隣接する小野小学校一帯は小野藩陣屋跡で、一柳家陣屋遺跡と記した石碑が立つ。ここから、小野商店街を抜けて北上し、②**小野市伝統産業会館**へ向かう。小野市の伝統産業の筆頭はそろばんだが、播州そろばんの発祥地は三木市と考えられている。伝統産業会館から小野市役所方面へ少し歩いて③**王塚古墳**へ。県道まで出て北上し、イオンバス停から、コミュニティバスらんらんバスを利用して④**浄土寺**へ。浄土寺にはぜひ夕刻に訪れたい。背後の蔀戸から差し込む西日を背に、三尊像が浮かび上がるのだ。浄土寺を出て住宅街に続く道を進み、⑤**にごり池**へ。浄谷バス停から、バスで小野駅に向かう。

スタート 神戸電鉄 小野駅
約300m 徒歩5分
①小野市立好古館
約1.6km 徒歩20分
②小野市伝統産業会館
約180m 徒歩2分
③王塚古墳
約600m 徒歩7分
イオンバス停
約3.5km バス6~7分
浄土寺バス停
約140m 徒歩2分
④浄土寺
約700m 徒歩8分
⑤にごり池
すぐ 徒歩1分
浄谷バス停
約3.7km バス14~15分
ゴール 神戸電鉄 小野駅

①小野市立好古館

昭和11（1936）年に建てられた小野小学校の講堂を平成2（1990）年に改修し、小野市の歴史・民俗・文化に関する資料などを収蔵・展示する歴史博物館として開館。入り口には、浄土寺阿弥陀様の等身大の姿を映すスクリーンを展示している。展示室では、浄土寺の歴史についても紹介し、江戸時代の姿を復元した模型が置かれている。昔懐かしいおもちゃで遊べる実体験コーナーも人気。1・3・5月の限定日には、事前予約で十二単や甲冑を着ることができる。

小野市西本町477
0794-63-3390
9：30～17：00（入館は～16：30）
月曜休み（祝日の場合は翌日）
入館料200円

②小野市伝統産業会館

伝統的工芸品「播州そろばん」をはじめとする小野市の特産品を展示・紹介する。そろばんの玉で作った姫路城は必見だ。館内には、「そろばん博物館」があり、昔のそろばんや外国のそろばん、変わり種のそろばんなどが多数展示されている。

小野市王子町806-1　0794-62-3121
9：00～16：00（最終受付）無休
無料

ゆかりのお土産

そろばん最中 110円
そろばんせんべい 100円

そろばんを形どった最中とせんべい。自家製あんを皮に詰めた最中は、戦後すぐからある看板商品。せんべいは素朴な甘さでやさしい味。時代の流れに合わせて、そろばんを５つ玉から４つ玉に替えている。
藤井製菓　小野市本町42-2　0794-62-2424
9：00～17：30　水曜休み

③王塚古墳

小野市役所の北、加古川左岸段丘上にある古墳。かつてこの付近に存在していた大部古墳群のうち、唯一完存する古墳で、その規模と副葬品から中期古墳と考えられる。径約45メートル、高さ約8メートルの円墳で、周囲には幅約10メートル、深さ約1メートルの堀がめぐらされている。主体部分は長さ約5メートル、高さ約1メートルの竪穴式石室だ。

見学自由

④浄土寺

浄土寺は、浄土堂とその本尊・阿弥陀如来および両脇侍立像で名高い寺。開祖は東大寺再建に力を尽くした重源上人。建物の配置にも上人の思想がよく表れており、浄土堂は、東大寺南大門と並び、大仏様《だいぶつよう》という技法を伝える貴重なお堂。高さ5・3メートルの阿弥陀像は超特大で、名仏師・快慶の作だそう。西側の壁面の蔀戸《しとみど》から西日が差し込むと、その光が堂内の床に反射して屋根裏にあたって、阿弥陀三尊に降り注ぎ、全体を赤く染める。まるで極楽浄土が再現されたかのように見え、建物と仏像が一体となった迫力と美しさを体感することができる。

小野市浄谷町2094
0794-62-4318（歓喜院）、62-2651（宝持院）
9：00～12：00、13：00～17：00
（10～3月は～16：00）　拝観料500円

浄土寺薬師堂（重文）

裏山には10種類1万本のあじさいが植えられ、散策道を彩る

⑤にごり池

重源上人が、この池で鍬や鋤を洗ったため水が濁るようになり、この名がついたという。重源上人の命日にあたる6月4日だけは、池の水が澄むとも伝えられる。隣接する浄谷町公会堂の敷地には、それを伝える石碑が立っている。

足をのばして

広渡《こうど》廃寺《はいじ》跡《あと》歴史公園

加古川左岸段丘上にある古代寺院跡。7世紀末ごろに建立されたが平安時代末には途絶えてしまった。奈良の薬師寺と同じ伽藍配置が確認されている。東西100メートル、南北150メートルの規模で、廃寺跡には基壇と呼ばれる建物の基礎が残るほか、20分の1サイズで復元された日本唯一の屋外伽藍模型がある。

柵ごしに模型を見ることができる

小野市広渡町304-1
0794-63-3390
（小野市好古館）
9：00～17：00
月曜休み（祝日の場合は翌日）　無料

多くの史跡や歴史伝説が残る
加古川町から古刹・鶴林寺へ

時代
大和～明治

探訪エリア
加古川市

移動距離
約８km

所要時間
約５時間

費用
500円

５００年余り繁栄を極めた加古川宿や秀吉が毛利攻めの軍議を開いた加古川城など、今はなき加古川の史跡や歴史伝説にふれる加古川町から、播磨を代表する古刹・鶴林寺をめぐるコース。

ＪＲ加古川駅南口からベルデモールを南に下り、寺家町商店街へ。江戸時代には西国街道の宿場町「加古川宿」として栄えたところで、寛永期には、４５０軒もの町屋が軒を連ねたという。姫路藩の藩役所であった②陣屋、黒壁の旧家、商店の軒先に残るうだつ、①光念寺の白壁など、歴史を感じさせる古い町並みが今も残っている。まずは、栗本青蘿ゆかりの寺①光念寺を訪れる。そして②陣屋へ。ここは、明治天皇が休憩したというほど格式が高かったそうだ。レトロな建造物③神田邸を見て、④称名寺（加古川城址）へ向かう。境内にある樹齢４００年のイチョウの木は見事で、堤防沿いの道からも眺められ、加古川の一つのランドマークになっている。ドラマの撮影にもよく使われる⑤ニッケ社宅倶楽部の横の道を通り、⑥春日神社へ。加古川西高正門前を南へ。国道２号西行きを横断し、さらに南へ進み、宮本武蔵ゆかりの神社⑦泊神社へ。ここから⑧鶴林寺までは約２キロと少し長いが、見どころ満載の鶴林寺が、このコースの肝。２時間ほどかけてゆっくりめぐりたい。

スタート JR加古川駅

約700m 徒歩8分

①光念寺

約170m 徒歩2分

②陣屋

約130m 徒歩2分

③神田邸

約350m 徒歩4分

④称名寺（加古川城址）

約140m 徒歩2分

⑤ニッケ社宅倶楽部

約260m 徒歩3分

⑥春日神社

約1km 徒歩13分

⑦泊神社

約2km 徒歩25分

⑧鶴林寺

約3km かこバスで14分

ゴール JR加古川駅

①光念寺

慶長元年（1596）に、僧・西賢が東本願寺の實如上人に帰依し、創立した浄土真宗大谷派の寺院。宗祖・親鸞聖人絵像、蓮如上人絵像などの宝物を所蔵する。この寺に栗本青蘿とその妻や門弟の墓がある。青蘿は、江戸時代、『奥の細道』で著名な松尾芭蕉の顕彰に尽力し、与謝蕪村らとともに、「芭門中興俳諧六家」の一人と称され、門弟も3千人に至った全国的な俳人だった。

加古川市加古川町寺家町472
079-422-3851
拝観自由

②陣屋

宿場町として隆盛を極めた宝暦2（1752）年に、姫路藩出張所として設置された。本陣に対して脇本陣といわれ、現存する陣屋は往時の名残をとどめている。（外からの見学のみ）

③神田邸

本町で瀬戸物屋を営み、レンガなども販売した神田家。内部はレンガ造りで床の間もある。明治末期から大正時代築の和洋折衷のレトロな建物は国登録有形文化財。

④称名寺（加古川城址）

弘法大師（空海）が開いたと伝わる真言宗の寺院。90メートル四方の敷地内に建てられた館であった平城、加古川城の城跡と推定される。加古川城は、寿永3（1184）年に、糟谷有数《かすやありすえ》が築城したといわれ、廃城までの400年余り、12代が治めていた。秀吉による毛利攻めの軍議が開かれた城として初めて歴史に登場することとなった。歴代城主の墓や頼山陽の筆による七騎供養塔が残る。

加古川市加古川町本町313
079-422-2262
拝観自由

⑤ニッケ社宅倶楽部

明治32（1899）年に完工した日本毛織加古川工場の管理事務所として建設。同44年にフランス人技師の宿舎として現在の場所に移設されるとともに西館が併設された。左右対称で均整のとれた、明治を代表する洋式建築物である。周りには一般の社宅群が残り、ドラマや映画のロケ地としてもよく

加古川市加古川町本町

舗装されていない道路が珍しい

⑥春日神社

源平合戦で戦功を立てた関東武士の糟谷有季《かすやありすえ》が、鎮守の神様として、奈良本宮春日大社からの分霊を祀ったのが始まり。境内にある赤壁大明神は、大正時代加古川を舞台とした化け猫の講談が人気を博し、昭和初期までに4回も映画化された。ご神木の夫婦銀杏は、見合いをした者同士が手を合わせると結婚できるという言い伝えが残る。

加古川市加古川町本町592
参拝自由

⑦泊神社

天照大神が天岩戸に隠れ世界が真っ暗になった時に、神々が事を図り、神器の御鏡を造り海に流されたものが、この辺りに流れ着き祀ったのが始まり。その後、飛鳥時代に聖徳太子が鶴林寺のはじまりである四天王寺聖霊院を建立したとき、側近の秦河勝が社殿を建てたとされる。剣豪・宮本武蔵の養子、伊織が社殿一式を再建、自身の出自や武蔵の出身などを記した棟札《むなふだ》や三十六歌仙図絵馬を奉納するとともに、石灯篭を寄進した。南北朝時代には、この地に、石弾城《いしはじきじょう》という平城が建てられていた。

加古川市加古川町
木村658
079-422-4813
拝観自由

⑧鶴林寺

高句麗の僧、恵便法師が物部氏らから逃れてこの地に隠れていたとき、聖徳太子が法師の教えを受けるため、ここを訪れ、587年、秦河勝に命じて精舎造らせたのがはじまり。天永3（1112）年、鳥羽天皇からの勅願により「鶴林寺」と改めた。国宝の本堂や太子堂をはじめ10棟の建物がほとんど文化財の指定を受けており、建築美を楽しむことができる。宝物館には、「聖観音立像」をはじめ、仏像や、絵画など超一級品の宝物が多数ある。

加古川市加古川町北在家424
079-454-7053　9：00～16：30
拝観料500円（宝物館とセットで800円）

ゆかりのお土産

鹿児のもち

356円（5個入り）～

加古川は、その中洲が、鹿の児がうずくまっているように見えることから昔は鹿児川だったそう。国産もち米、グラニュー糖、水あめを使った餅は、その形も鹿の児の姿を現した楕円型。真ん中の筋は鹿の背骨を表現する。夏は冷やして食べてもおいしい加古川ゆかりのお菓子。

春光堂本店　加古川市加古川町寺家町11-2　079-423-1123
8：00～17：00（日曜は10：00～16：00）　不定休

デカンショ節に歌われた
篠山城下町の歴史をたずねる

時代	江　戸
探訪エリア	篠山市
移動距離	約４km
所要時間	約３時間
費用	700円

山々に囲まれた篠山盆地の中心に位置する丹波篠山は、京都への交通の要所として栄えてきた城下町。慶長13（１６０８）年、徳川家康は松平康重を送り込み、大阪城への攻撃拠点として篠山城の築城を命じた。慶長14（１６０９）年、西国15カ国、20の大名たちが延べ約８万人を動員して、わずか１年足らずで完成。のちの戦火は逃れたが、明治６（１８７３）年の廃城令により篠山城は大書院以外を取り壊されることとなる。歳月を超えて残る城郭遺構から往時をしのび、篠山城跡を中心にに城下町の風情を感じながら歩く。ＪＲ篠山口駅前から篠山営業所行きのバスで約14分、二階町バス停で降りて篠山城跡に向かう。築城とほぼ同時の建築で約２６０年間使われ、平成12（２０００）年に復元再建した**①篠山城大書院**、篠山藩主・青山家ゆかりの**②篠山市立青山歴史村・丹波篠山デカンショ館**へ。西外濠から**③御徒士町武家屋敷群**を歩き、かつての面影を伝える**④武家屋敷安間家史料館**を見学。南外濠を東に進んで妻入商家が並ぶ**⑤河原町妻入商家群**へ。平成16（２００４）年、御徒士町や河原町を含む篠山城下町の一部が国の重要伝統的建造物群保存地区に選定された。篠山城跡に戻って東外濠を北に向かい、**⑥丹波杜氏酒造記念館**で、丹波杜氏による酒造りの伝統にふ

れる。さらに北へ進んで、かつて地方裁判所として使われていた建物、**⑦篠山市立歴史美術館**へ。最後に、能舞台で知られる**⑧春日神社**へと向かう。篠山を代表する民謡「デカンショ節」は江戸時代から歌い継がれており、時代ごとの風土や名所、名産品などが歌詞に織り込まれている。デカンショ節をストーリーのテーマにし、平成27（2015）年、「丹波篠山 デカンショ節―民謡に乗せて歌い継ぐふるさとの記憶」として日本遺産に認定された。毎年8月、デカンショ踊りを中心としたデカンショ祭が盛大に開催され、大勢の来場者で賑わう。

篠山城跡

スタート
神姫バス 二階町バス停
約350m 徒歩5分
①篠山城大書院
約350m 徒歩5分
②篠山市立青山歴史村・丹波篠山デカンショ館
約300m 徒歩4分
③御徒士町武家屋敷群
約300m 徒歩4分
④武家屋敷安間家史料館
約900m 徒歩11分
⑤河原町妻入商家群
約750m 徒歩9分
⑥丹波杜氏酒造記念館
約350m 徒歩5分
⑦篠山市立歴史美術館
約150m 徒歩2分
⑧春日神社
約350m 徒歩4分
ゴール
神姫バス 二階町バス停

①篠山城大書院

大書院は、慶長14（1609）年の篠山城築城とほぼ同時に建てられた。明治の廃城令後も唯一残されたが、昭和19（1944）年、火災により焼失。平成12（2000）年、総合的な学術調査を実施して約半世紀ぶりに往時の雰囲気を再現して復元した。木造建築としては規模の大きい立派な建物で、外観と部屋割りは、京都二条城の二の丸御殿の遠侍《とおさぶらい》と呼ばれる建物と似ている。内部には襖絵などに囲まれた8つの部屋があり、最も格式が高い部屋が上段の間で、他の部屋より一段高く造られている。上段の間には江戸時代初期の狩野派絵師が描いた屏風絵を転用し、往時の雰囲気を再現している。館内の要所では、江戸時代における篠山藩の出来事をパネルで紹介。そのほか、模型や資料などで城下町を紹介する展示や篠山城築城に関するビデオを見ることができる。

上段の間

篠山市北新町2-3
（史跡篠山城跡二の丸内）
079-552-4500
9：00～17：00（受付終了16：30）
月曜休み（祝日の場合は翌日）
入館料400円
※篠山城大書院・青山歴史村・武家屋敷安間家史料館・歴史美術館の4館共通入館券600円（歴史博物館の特別期間中は異なる場合あり）

【篠山城】

徳川家康が大坂城への警戒と拠点づくりのために短期間で築城。初代城主は、家康が築城を命じ、家康の実子といわれる松平康重。その後徳川譜代の有力大名に引き継がれ、篠山藩5万石（のちに6万石）の拠点として約260年間その役割を果たしてきた。明治以降、大書院以外の建物を取り壊されてしまうが、外堀、内堀、石垣、井戸、馬出などの遺構が往時の姿をとどめている。昭和31（1956）年、国の史跡に指定。平成18（2006）年には、「日本の100名城」に選定された。

二の丸御殿庭園の井戸

本丸跡に建つ青山神社

②篠山市立青山歴史村・丹波篠山デカンショ館

篠山藩主青山家の明治時代の別邸「桂園舎」を中心に、３棟の土蔵と長屋門（篠山市指定文化財）からなる。昭和62（１９８７）年から青山歴史村として一般公開し、敷地内には、地中に埋めて地下金庫として使用していた金櫃のほか、全国的にも珍しい漢学書の印刷に使われた版木約１２００枚や漢学書、篠山城石垣修理伺いの図面、お伽話の絵巻物『鼠草紙絵巻』などを展示している（すべて篠山市指定文化財）。平成28（２０１６）年、敷地内にオープンした丹波篠山デカンショ館では、「デカンショ節」をはじめ、歴史や文化、自然など、日本遺産のまち丹波篠山の魅力を紹介している。

篠山市北新町48　079-552-0056
9：00～17：00（受付終了16：30）
月曜休み（祝日の場合は翌日）　入館料300円

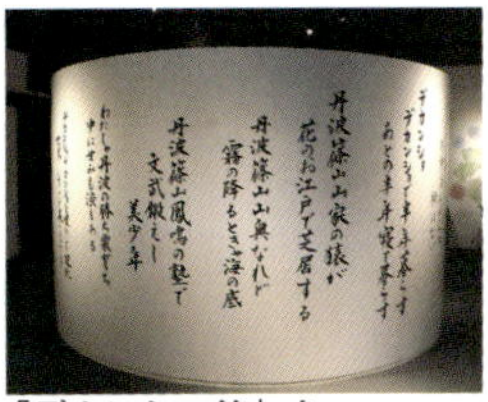

「デカンショ節」を体感できる

金櫃（金庫）

桜の木を使用した版木

③御徒士町《おかちまち》武家屋敷群

城の西側にある御徒士町は、徒士という身分の武士が住んだ武家町。徒士とは平時は藩に仕える役人で、戦の時には馬に乗らず徒歩で戦う武士のことをいう。明治時代の藩廃止により武家町は衰退したが、御徒士町では留まった武士が多く、現在も10数棟の屋敷が建ち並び、当時の面影を残している。

④武家屋敷安間家史料館

篠山城の完成とともに城下の町割りが行われ、御徒士町の歴史もこの時から始まった。ここは篠山藩主青山家の家臣であった安間家の住宅で、現在は史料館として公開されている。館内には、安間家で使われていた家具や食器類のほか、篠山藩ゆかりの品を展示。庭園には美しい音色が聞こえる丹波水琴窟がある。

篠山市西新町95
079-552-6933
9：00～17：00（受付終了16：30）
月曜休み（祝日の場合は翌日）
入館料200円

⑤河原町妻入商家群

篠山城下町で最初にできた商家町。東西約６００メートルの通りの両側に、間口が狭く奥行きが長い妻入商家が軒を連ね、城下町の中心として栄えてきた。妻入り中2階建てで桟瓦葺きの主屋、千本格子や荒格子、袖壁、うだつなどが、篠山城下町の姿を今に伝える。平成19（２００７）年には、城下町篠山の街並みが「美しい日本の歴史的風土１００選」に選定された。通りの中ほどにある白壁土蔵造りの建物は、丹波焼の名品を集めた丹波古陶館で、館内には平安後期から江戸後期の約７００年の間に作られた代表的な品々を展示している。

丹波古陶館
9：00 ～ 17：00（入館は～ 16：45）
月曜休み　入館料500円

⑥丹波杜氏酒造記念館

約４００年前から冬の農閑期に蔵人を連れて出稼ぎに行った丹波杜氏の技術力は高く、灘五郷など全国の酒蔵で活躍した歴史が残る。記念館では道具などを展示するとともに作業工程を紹介。丹波の文化遺産でもある酒造りと丹波杜氏の技と歴史に触れることができる。

篠山市東新町1-5
079-552-0003
（篠山市役所丹波杜氏組合）
10：00 ～ 17：00
（土日・祝日は～ 16：00）
12 ～ 3月の土日・祝日休み
入館料100円（協力金）

⑦篠山市立歴史美術館

明治24（１８９１）年、旧篠山地方裁判所として建てられた。昭和56（１９８１）年まで90年間にわたって使用され、木造建築の裁判所としては日本最古級のもの。曳家工法で建物の向きを90度回転させ、外観と旧法廷は従来のまま残しながら内部を改装し、昭和57（１９８２）年、歴史美術館として開館した。篠山に伝わる武具、絵画などの美術品や、江戸時代にわずか50年ほどで廃窯となった王地山焼の常設展のほか、秋は特別展、春は企画展を開催する。

旧法廷

篠山市呉服町53
079-552-0601
9：00 ～ 17：00（受付終了16：30）
月曜休み（祝日の場合は翌日）
入館料300円

東海道・中仙道・甲州街道図屏風（部分）も展示されている

⑧春日神社

奈良・春日大社の分祠を祀る。境内には能楽愛好家として知られた篠山藩第13代藩主の青山忠良が寄進建立した能舞台があり、現在でも元旦と春に能が奉納されている。また、篠山地方の三大祭りの一つで、京都八坂の祇園祭を模したといわれる秋の祭礼は、4基の神輿と9基の山鉾が巡行、8台の太鼓みこしの練りこみがあり、大勢の参拝者で賑わう。

篠山市黒岡75
079-552-0074
参拝自由

ここも寄りたい

まけきらい稲荷

文政年間、篠山藩主の青山忠裕が江戸幕府の老中だった当時、将軍御上覧大相撲で篠山藩の力士は負けてばかりだった。ある年すべて勝ち星をおさめたが、力士の姿が見えず調べたところ、四股名がすべて御領内のお稲荷さんの名前だったという。これが「まけきらい稲荷」の起こりで、勝利の神さまとして信仰される所以となった。

篠山市河原町92　079-552-0655
参拝自由

王地山陶器所

江戸時代末期に篠山藩主・青山忠裕が築いた藩窯。明治の廃藩とともに廃窯となるが、100年以上の時を経て、昭和63（1988）年に復興した。当時の技法を使って製作され、展示・販売している。独自の緑色で深みがある青磁をはじめ、染付や赤絵など、繊細で美しい磁器の数々が並ぶ。

篠山市河原町431
079-552-5888
8：30～17：00
火曜休み（祝日は開館）
無料

ひと休み

大正ロマン館

モダンな洋風造りの建物で、大正12（1923）年から約70年間篠山町役場として使用された。平成5（1993）年に「大正ロマン館」として開館し、売店やレストラン、休憩所など、観光拠点としても活用されている。

篠山市北新町97　079-552-6668
9：00～17：00　火曜休み

自然に囲まれた静かな町

織田家の城下町・柏原を歩く

時代	江　戸
探訪エリア	丹波市柏原町
移動距離	約３km
所要時間	約２時間
費用	200円

織田家柏原藩の城下町として栄えた柏原。慶長3(1598)年、織田信長の弟・信包《のぶかね》を初代藩主として始まるが、3代目藩主の信勝に後継がなかったために廃絶する。元禄8(1695)年に信長の次男・信雄の子孫にあたる信休がこの地に国替えされ柏原藩を再興、織田家における柏原藩の後期が始まった。以降、明治の廃藩まで10代にわたり織田家の城下町として栄え、現在も城下町後期の町割りが残る。JR柏原駅から国道176号を渡って北へ進み、大歳神社の境内に残る①**太鼓やぐら**へ。さらに北へ進むと、樹齢千年以上といわれる大ケヤキの根が自然の橋になった②**木の根橋**が見えてくる。その向かいにある織田信勝を祀った③**織田神社**に行ったら、すぐ先の④**柏原八幡宮**の一の鳥居をくぐって長い石段を上る。かいばら観光案内所の前の道を東へ進むと⑤**建勲神社**、つきあたりまで出て北へ歩き、⑥**織田家廟所**へ向かう。来た道を戻り、昭和46(1971)年、国の史跡に指定された⑦**柏原藩陣屋跡**へ。最後に、向かいにある⑧**丹波市立柏原歴史民俗資料館・田ステ女記念館**を見学。国道176号に向かって歩き、JR柏原駅へ。柏原駅の駅舎は、平成2(1990)年に開催された大阪花と緑の博覧会の「山の駅」を移築したものだ。

スタート JR福知山線 柏原駅

約350m 徒歩5分

①太鼓やぐら

約140m 徒歩2分

②木の根橋

すぐ

③織田神社

約40m 徒歩1分

④柏原八幡宮

約250m 徒歩3分

⑤建勲神社

約600m 徒歩8分

⑥織田家廟所

約550m 徒歩6分

⑦柏原藩陣屋跡

約20m 徒歩1分

⑧丹波市立柏原歴史民俗資料館・田ステ女記念館

約600m 徒歩7分

ゴール JR福知山線 柏原駅

①太鼓やぐら

3階建て、高さ9・5メートルの最上階に「つつじ太鼓」と呼ばれる大太鼓が吊るされている。何度も張り替えられた記録が残り、胴内に記された張替年代と名前が22を数える。藩政時代は大手門の付近にあり、当時は時間や非常時を知らせるために用いられ、藩士の登下城や藩主の帰藩なども知らせたという。明治の廃藩の際、取り壊しを惜しんで現在の場所に移築され、その後は、朝7時に学校の登校合図として鳴らし、親しまれた。太鼓やぐらとして残っているのは全国的にも珍しく、市の文化財に指定されている。

丹波市柏原町柏原141
見学自由（内部は見学不可）

②木の根橋

樹高22メートル、幹の周囲6メートルの大ケヤキの根が形づくる「自然の橋」。長さ6メートルの奥村川をまたぎ、旧柏原町役場の地下まで続いている。樹齢千年以上と推定され、町民に親しまれる柏原のシンボルとなっている。昭和45（1970）年、兵庫県の天然記念物に指定された。

③織田神社

織田信勝を祀る神社。初代藩主信包から数えて3代目の信勝は、わずか8歳で柏原藩3代目の藩主になるが、慶安3（1650）年、28歳の若さで亡くなってしまう。後継がなかったため、柏原藩は52年間で幕を閉じた。信勝の死後、信勝の母が邸跡に建てた霊廟を、東奥大谷を経て、文政12（1829）年、現在の場所に移した。

丹波市柏原町柏原3625-1　参拝自由

④柏原八幡宮

京都・石清水八幡宮の柏原別宮として創建し、応神天皇、神功皇后などを祀る。兵火により創建当時の社殿が焼失、すぐに再建するも、明智光秀による丹波攻めで再び焼失してしまう。本殿と入母屋造りの拝殿がつながる複合社殿は貴重な建築。本殿の裏に三重塔があるが、神社に塔があるのは珍しく、神仏分離の際に「八幡文庫」と称して難を逃れて現在も残る。

本殿・拝殿と三重塔

丹波市柏原町柏原3625
0795-72-0156
参拝自由

⑤建勲《けんくん》神社

織田信長を祀る建勲神社は、柏原を含めて全国に3カ所ある。朝廷から信長の勤王敬神を追賞され、建織田社の神号を賜るが、建勲神社に改められた。明治13（1880）年、現在地に建てられたが、平成9（1997）年、火災により焼失。平成18（2006）年に再建された。

⑥織田家廟所

後期の初代藩主信休から歴代9代の藩主と一族の墓所。かつては織田家の菩提寺・徳源寺の境内にあったが、明治に廃寺となり、廟所だけが残った。最後の藩主である10代目の信親は、廃藩後に江戸で亡くなった。

⑦柏原藩陣屋跡

藩主信休が柏原へ国替えとなって、19年後の正徳4（1714）年に陣屋が完成した。現存するのは文政3（1820）年に再建された表御殿の一部。その後、明治6（1873）年に開校した崇廣小学校として使われ、昭和45（1970）年まで職員室などとして使用された。陣屋の表御門にあたる柏原藩主織田家旧邸長屋門は創建当時のまま残っている。

丹波市柏原町柏原683
0795-73-0177
（柏原歴史民俗資料館）
9：00 ～ 17：00
入館は～ 16：30）
月曜休み（祝日の場合は翌日）
200円（柏原歴史民俗資料館の入館券と共通）

県文化財の長屋門

⑧丹波市立柏原歴史民俗資料館・田ステ女記念館

柏原藩伝来の歴史資料を保存収集し、展示・公開する施設として、柏原藩陣屋跡の前に建てられた。「柏原藩陣屋跡」や「柏原家の人々」などのテーマで常設展示している。田ステ女記念館は、6歳で「雪の朝二の字二の字の下駄のあと」と詠んだ柏原出身の女流俳人、田ステ女の300回忌を記念して開館された。

田ステ女の石像

丹波市柏原町柏原672　0795-73-0177
9：00 ～ 17：00（入館は～ 16：30）
月曜休み（祝日の場合は翌日）
200円（柏原陣屋跡も入場可能）

ひと休み

たんば黎明館

明治18（1885）年に氷上高等小学校として建てられた、明治初期の代表的な洋風学校建築。館内にはフランス料理店やギャラリー、多目的ホールなどがあり、結婚式場としても使われる。

丹波市柏原町柏原688-3
0795-73-3800
1階11：30 ～ 15：00、17：30 ～ 22：00　2階11：30 ～ 17：00　水曜休み

中島大祥堂 丹波本店

織田家ゆかりの茅葺民家を再生した店内では、丹波の農園で作る栗や黒豆を使った焼菓子などを販売。カフェでは、薪窯で焼くピッツァも味わえる。

丹波市柏原町柏原448
0795-73-0160　水曜休み
11：00 ～ 17：00（ピッツァ15：00LO、カフェ16:30LO）　※土日・祝日は販売10:00 ～ 17:30、カフェ11：00 ～ 17：30（17：00LO）

日本の近代化を支えた生野
鉱山と銀山まち回廊をめぐる

時代	平安〜明治
探訪エリア	朝来市生野町
移動距離	約3㎞
所要時間	約4時間
費用	900円

平成29（2017）年、「播但貫く、銀の馬車道　鉱石の道」としてその道沿いの3市3町の近代化遺産などが日本遺産に認定されたが、全国屈指の鉱山町・朝来市生野町は、その中心にあたる。鉱山、技術などはもちろん、町のつくりや暮らし、文化など、現存する歴史遺産は、日本の近代化の原点ともいえる。生野町口銀谷の町並みと生野銀山をめぐるよくばりコースを紹介する。JR生野駅から線路沿いに北に進み**①一里塚跡**へ。但馬と播磨の境界がここにあったとは驚く。さらに北に進み**②生野書院**へ。生野小学校に隣接して**③生野義挙碑**がある。そして、鉱山まち独特の景観をとどめる口銀谷《くちがなや》地区の中心地へ。**④生野まちづくり工房 井筒屋**は、かつての郷宿の一つ。すぐ近くの**⑤口銀谷銀山町ミュージアムセンター**とともに、生野の名士の旧宅だ。この周辺から**⑥トロッコ道跡**がよく見える。国道429号まで出て口銀谷交差点を北に進み、**⑦旧生野警察署**へ。しゃれた造りの洋館は、レトロ感たっぷりだ。さらに北へ進み、違う宗派の8つの寺院が並ぶ**⑧寺町通り**を通って**⑨朝来市旧生野鉱山職員宿舎・志村喬記念館**に向かう。山神橋前バス停からバスを利用し、生野銀山口で下車。徒歩で**⑩生野銀山**へ。銀山ではたっぷり2時間ほど使いたい。

スタート JR生野駅

約400m 徒歩5分

①一里塚跡

約130m 徒歩2分

②生野書院

約300m 徒歩4分

③生野義挙碑

約240m 徒歩3分

④生野まちづくり工房 井筒屋

⑤口銀谷銀山町ミュージアムセンター

⑥トロッコ道跡

約300m 徒歩4分

⑦旧生野警察署

約200m 徒歩3分

⑧寺町通り（約450m・徒歩6分）

⑨朝来市旧生野鉱山職員宿舎・志村喬記念館

約220m 徒歩3分

山神橋前バス停

バス3分

生野銀山口バス停

約800m 徒歩13分

⑩生野銀山

約800m 徒歩13分

生野銀山口バス停

バス9～11分

ゴール JR生野駅

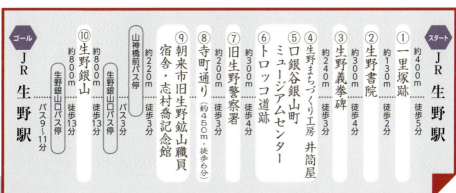

①一里塚跡

一里塚とは街道筋の距離をあらわした標識。生野町内に一里塚が築かれたのは寛永17（1640）年。播磨と但馬のこの場所を基点として、一里ごとに塚が築かれ、木が植えられていた。かつてはこの基点にも石垣をめぐらせた塚に松が植えられていた。

見学自由

②生野書院

生野書院は、林木商の邸宅（大正期）を改修した資料館。入り口には明治初期に鉱山長を務めた朝倉盛明氏の官舎正門を移設し、旧家の面影を残している。館内には、古文書や書画などの文化財をはじめ、生野町絵図や銀山旧記、見石の幕など、過去の文化遺産が展示され、近代化へと進む生野の発展の様子を知ることができる。

朝来市生野町口銀谷356
079-679-4336
9：30～16：30
月曜休み（祝日の場合は翌日）
無料

③生野義挙碑

江戸後期、文久3（1863）年に、勤皇の志士と生野の農民たちが団結して、生野代官所を占拠した「生野の変」を後世に伝える碑。「生野の変」は、わずか3日で幕を閉じたが、明治維新の先駆けとして歴史に残る事変となった。

④生野まちづくり工房 井筒屋

江戸時代、生野銀山では一般の旅人の宿泊はご法度だった。ただし公用で代官所を訪れた際、宿泊が必要になった場合の宿として、郷宿《ごうしゅく》が設けられていた。生野銀山の有力な山師であった吉川《きっかわ》家は、井筒屋の屋号で郷宿を営んでいた。主人は、宿泊はもちろん、代官所への訴状の代書や出頭時の付き添いなど、今でいう弁護士のような役割も担っていた。当時6軒あった郷宿同士で、助け合って営んだといわれている。

母屋は、天保3（1832）年の建築で、生野独特の赤みが特徴の生野瓦に鳥の子色の土塀、竹製の大阪出格子など、生野の町屋の特徴を色濃く残した造りになっている。江戸時代から現存する数少ない建物の一つで、登録有形文化財に登録された。今では、生野の人の憩いの場であるとともに、観光客が一息つく場所として機能している。

朝来市生野町口銀谷640
079-679-4448
9：00～17：00
月曜休み（祝日の場合は翌日）
無料

⑤口銀谷銀山町《くちがなやぎんざんまち》ミュージアムセンター

旧浅田邸は、昭和7（1932）年建築で浅田貞次郎の三男養蔵の旧邸で、別館は、井筒屋の六代目当主・吉川増太郎の隠居部屋として明治中期に建築された。浅田貞次郎（1871～1942）は、明治28（1895）年に姫路飾磨港から生野間の播但鉄道敷設を実現したほか、同年に生野銀行を設立し初代頭取となるなど、生野町の発展に貢献した。本館の浅田邸は、木造2階建ての風格あるデザインで、緩やかな弧を描く入母屋屋根、玄関屋根に付けられた懸魚、玄関の式台、三角屋根のスクラッチタイル外壁の洋館など、生野に残る民家としては珍しい様式が施されている。また、別館の旧吉川邸は、明治中期に郷宿井筒屋六代当主・吉川増太郎の隠居部屋として建てられ、袖壁、つし2階や箱階段などが特徴的な作りとなっている。現在は旧吉川邸とともに銀山町ミュージアムセンターとして再生した。

朝来市生野町口銀谷619-2
079-670-5006
9：00～17：00
月曜休み（祝日の場合は翌日）　無料

⑥トロッコ道跡

大正9（1920）年、金香瀬坑道から旧駅までの市川沿いに鉱石輸送のための電車専用道が建築された。岩の間をつなぐアーチが特徴。

⑦旧生野警察署

現・一区公民館。明治19（1886）年、地元の大工によって建てられた。フランス人技術者が、いち早く西洋文化を取り入れた生野では、実践的に西洋建築を学んだ日本人技術者が育ち、西洋風の建物を扱うことができるようになっていたと考えられる。ギリシャ建築から受け継いできた形式で、明治初期の擬西洋建築の好例といわれる。主屋根棟瓦には警察の紋章、その下に「イ」を9つと「ノ」を1つ組み合わせた、明治期の生野町旧章も残されている。

見学自由

⑧寺町通り

古城山の山すそに8カ寺が並ぶ珍しい通り。地名の由来は、宗派の異なる8つの寺が連なった地区であることから。その背景には、代官の交代などがあったこと、作業現場の環境が劣悪で坑内作業者には短命が多かったこと、鉱山勤務者が全国から集まったことなどがあり、生野にいろいろな宗派の寺が必要だったのではという諸説がある。

俳人・松尾芭蕉の蓑塚が残る来迎寺、徳川家14代将軍までの位牌がある東西寺など、1570～1580年に創設のお寺には、貴重な寺宝が残る。

⑨朝来市旧生野鉱山職員宿舎・志村喬記念館

生野口銀谷地域に現存する通称「甲社宅」と呼ばれる鉱山職員の官舎（社宅）。明治９（１８７６）年に建設され、ピーク時には18棟が軒を連ねていたが、現存しているのは６棟のみ。このうち４棟（甲７・８・９・19号）が修復・復元され、生野鉱山の歴史文化を紹介する施設「旧生野鉱山職員宿舎」として生まれ変わった。甲８号が明治時代、甲７号が大正時代、甲９号が昭和初期を想定して復元。風呂場や便所、台所がそれぞれの時代を映し出している。また、いぶし銀といわれた俳優・志村喬氏の記念館を併設。『生きる』『七人の侍』など、黒沢映画の名優・志村喬氏は明治38（１９０５）年に生野で産声をあげた。志村氏のお父さんは当時生野鉱山に勤務しており、社宅の庭には植えられた松が残っている。館内には、ゆかりの品を展示している。

日本で一番最初に建てられた社宅といわれる

建物の中に入ることもできる

朝来市生野町口銀谷679-1
079-670-5005
9：00 ～ 17：00
（入館は～ 16：30）
月曜休み（祝日の場合は翌日）無料

ひと休み

芒種《ぼうしゅ》

和洋折衷の昭和初期の町屋を改装したレストラン。レトロガラスの窓から季節の移ろいを感じる庭を見ながら、地元産の野菜をたっぷり使った料理を堪能できる。

朝来市生野町口銀谷600　079-679-2299
11：00 ～ 18：00（ランチタイム11：30 ～ 14：00）
火曜、第3月曜休み

ゆかりのお土産

生野紅茶（コァニェティ）

350円（ティーバッグ）500円（50g）

いくの紅茶クッキー

（小・50g）130円、（大・100g）250円

生野町の無農薬栽培の茶葉から作られた国産紅茶で、鉱山のフランス人技師にちなんで命名。生野では昔から紅茶栽培が盛んで銀山の工夫さんも飲んでいたとか。また、紅茶の粉を使って手作りした、卵、牛乳不使用のクッキーも美味。

生野まちづくり工房　井筒屋

ここも寄りたい

生野の町並み

町並みにとけこんだ国登録有形文化財に指定された邸宅などが残り、雰囲気たっぷり。

国登録有形文化財の佐藤家住宅別邸

但陽会館

元々大山師の邸宅だったものを、三菱が保養施設・迎賓館として使用していた「生野クラブ」

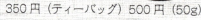

⑩生野銀山

大同2（807）年に開坑。室町年間の天文11（1542）年には但馬守護職・山名祐豊《すけとよ》が銀石を掘り出し、開坑の起源といわれている。永禄10（1567）年には自然銀を多く含む日本最大の鉱脈（慶寿ひ）がみつかる。織田・豊臣・徳川の幕府直轄鉱山として栄え、享保元年（1716）には「生野代官所」が置かれた。第八代将軍・吉宗の頃に最盛期を迎え、月産150貫（約562kg）の銀を産出した。明治元年（1868）には政府直轄となり、明治政府は近代化を推し進めるため、「お雇い外国人第1号」のフランス人技師ジャン＝フランソワ・コワニェを鉱山師兼鉱学教師として雇い、コワニェが帰国するまでの10年の間に、製鉱所（精錬所）を建設し、生野に日本の近代化鉱業の模範鉱山・製鉱所の確立をめざした。その後は皇室財産となり、産銀も全国一で、銀のほかにも錫や銅、鉛なども産出した。明治29（1896）年には三菱合資会社に払い下げられ、以後、三菱の経営で国内有数の大鉱山として稼働してきたが、昭和48（1973）年に閉山した。その間に掘り進んだ坑道の総延長は350キロ以上、深さは880メートルの深部にまで達しており、採掘した鉱石の種類は70種にもおよんでいる。現在は、実際に掘られていた坑内に入り、ノミ跡が残る岩肌や作業をする人形により再現された作業風景を見学することができる。坑道内は年間約13度。夏は涼しく冬は外気よりも暖かい。約1キロにわたる江戸時代以前の手掘りの坑道跡と明治以降の近代的坑道を見学できるのが興味深い。

代官所門から銀山の中に入る

生野鉱山正門門柱。表面には菊の紋章が刻んであり、官営鉱山だった頃をしのばせる

明治初期にフランス人技術者の手で作られた大型坑口「金香瀬坑口」

江戸時代採掘ゾーンには、当時のノミの跡が残る

近代の採掘作業の一例

鉱山史料館には、鉱山立体巨大模型がある

ボランティアによる坑内ガイドも行っている

朝来市生野町小野33-5
079-679-2010
9：00 ～ 17：30（季節により変更あり）
12 ～ 2月の火曜休み（祝日の場合は翌日）
入場料900円

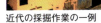

約400年前の石垣が現存する
天空の城・竹田城跡と城下町を散策

標高３５３・７メートルの古城山の頂にある竹田城跡。桜が咲き乱れる春、新緑がまぶしい夏、そして晩秋から冬の雲海に浮かび上がる景色…。四季を通じて美しい竹田城跡は、歴史ファンなら一度は訪れたいスポットだ。竹田城跡と風情ある町並みが残る竹田駅西側の寺町通りをめぐるコースを紹介する。①竹田城跡に行くには、ＪＲ竹田駅の西側から駅裏登山道（０・９キロ、徒歩約40分）と表米神社登山道（１・２キロ、徒歩約40分）があるが、ここではＪＲ竹田駅から天空バスを利用し、竹田城跡バス停で下車して山頂をめざす。バス停から０・８キロで料金所がある大手門へ。大手門までの道は、舗装されていて歩きやすい。大手門からは石の階段が続く。途中、竹田城跡の特徴である野面《のづら》積みがよくわかる三の丸虎口櫓台石垣も見ることができる。北千畳には小さい建物が建っていた跡が残る。天空のベンチがある三の丸、二の丸、本丸と登り、やっと天守台。ここからの景色は何ものにも代えがたい。開放的な雰囲気の南千畳を通って下山。竹田城跡バス停から天空バスに乗り、竹田まちなか観光駐車場で下車。②情報館 天空の城で竹田城跡についての知識を深める。③旧木村酒造場ＥＮから虎臥城公園へ抜け、駅の西側の④寺町通りを通ってＪＲ竹田駅に戻る。

時代	室町～明治
探訪エリア	朝来市和田山町
移動距離	約２km
所要時間	約４時間
費用	500円

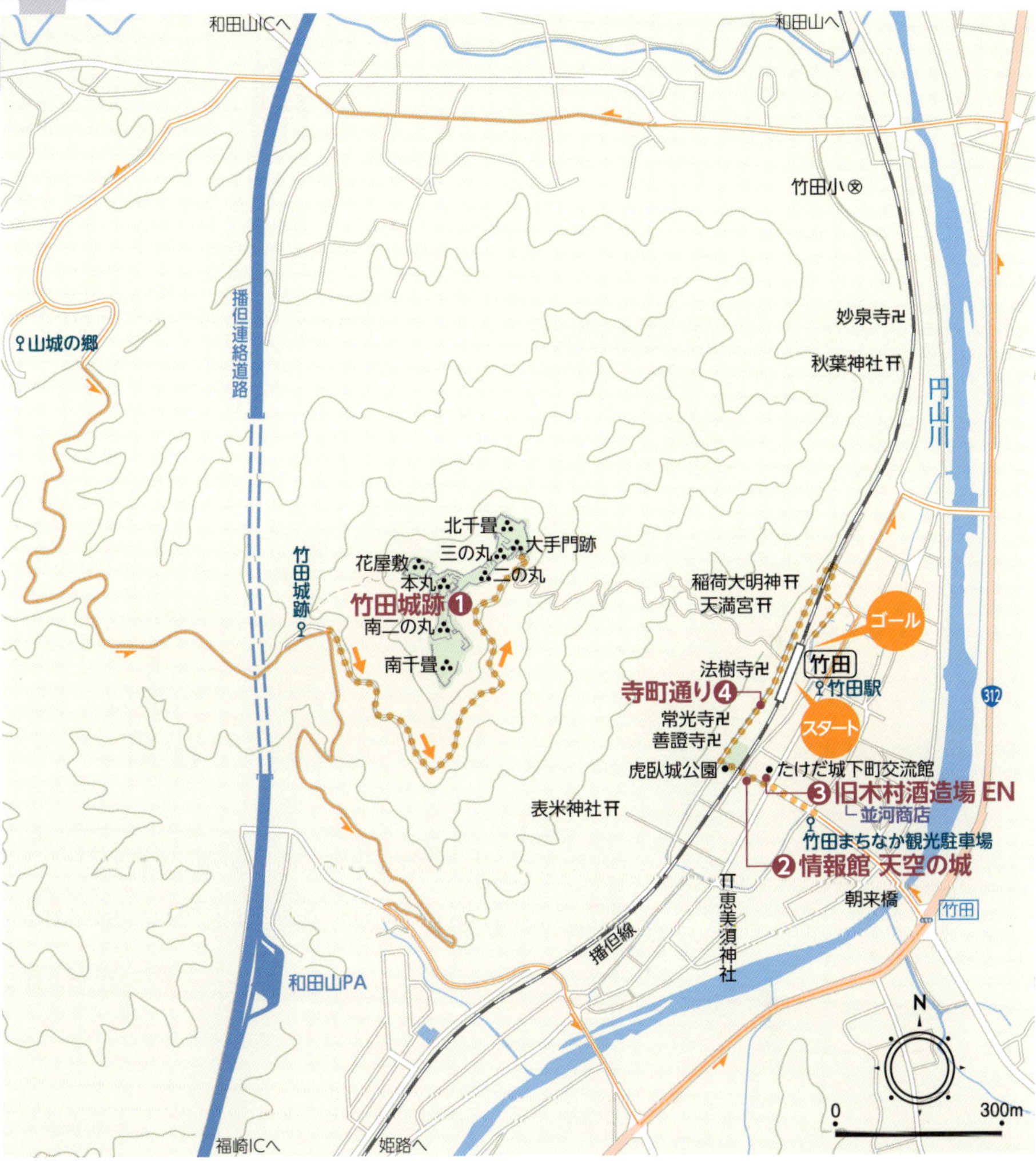

スタート
JR竹田駅
約4.5km バス15分
竹田城跡バス停
約800m 徒歩20分
① 竹田城跡
約2.1km バス8分
竹田まちなか観光駐車場
約100m 徒歩すぐ
② 情報館 天空の城
すぐ
③ 旧木村酒造場EN
すぐ
④ 寺町通り
約300m 徒歩5分
ゴール
JR竹田駅

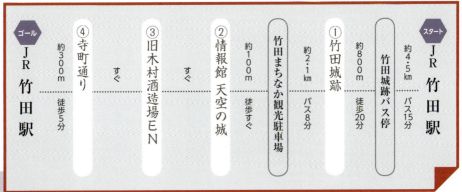

①竹田城跡

竹田城は、但馬の守護大名・山名宗全が嘉吉３（１４４３）年に築かせたと伝わる城。太田垣氏が7代にわたり城主を務めたが、織田信長の命による秀吉の但馬攻略で天正８（１５８０）年に落城。最後の城主・赤松広秀が現在も残る石積みの城郭を築いたとされている。竹田城跡の縄張りは、天守台を中心に3方向に大きな曲輪を配し、その規模は南北４００、東西１００メートルにもおよび、廃城から約４００年を経た今もなお、ほぼそのままの状態で残されているところが最大の魅力だ。

朝来市和田山町竹田字古城山169
8:00 ～ 18:00（時期により異なる）
冬季は閉山（1月4日～ 2月28日）
観覧料500円
※バスの運行情報などは竹田城跡公式HPで確認

お弁当は北千畳のみ可能

三の丸にある「天空のベンチ」

天守台から南千畳を望む

②情報館 天空の城

ＪＲ竹田駅からほど近い「たけだ城下町交流館」の中にある情報館。竹田城跡のことがここに集約されており、館内には、竹田城跡の紹介ＤＶＤの上映をはじめ、歴史をたどる年表、様々な文献をもとに再現された手作りのジオラマなどを展示する。

朝来市和田山町竹田363
旧木村酒造場EN内
079-674-2120
9：00 ～ 17：00
（1・2月は～ 16：00）

観光案内やボランティアガイドの受付もしている

③旧木村酒造場EN

木村家は、元は武田信玄の家臣であった飯尾氏がもとで、武田氏没落の後、播州加古川木村に住み、姓を木村に改めて屋号を加古屋とした。主は代々木村新左衛門を襲名。当時は、造り酒屋として寛永2（1625）年に創業し、大変栄えた。その建物は国登録有形文化財で「情報館 天空の城」やホテル、レストラン、カフェなどを備えた複合交流施設となっている。

雰囲気あるカフェの店内

母屋玄関の間

朝来市和田山町竹田363
079-674-0501
営業時間や休業日は
店舗により異なる

④寺町通り

古城山の麓、4カ寺と表米神社が並ぶ約600メートルの区間は「寺町通り」と呼ばれている。この通りの周辺には、最後の城主を務めた赤松広秀の居館跡といわれているところや初代城主・太田垣光景の墓などがあり、歴史散策路として親しまれている。4カ寺の門前には、それぞれ江戸時代の石橋がかかっているが、常光寺の石橋は、宝永4（1707）年架橋。手記名のあるものでは但馬最古の石橋だ。

竹田川に鯉が泳ぐ風情ある通り

但馬にあったとされる7つの江戸時代の石橋のうちの5つがここ竹田にある

ゆかりのお土産

ほうすけらっぱ

500円（180ml）～

地元の農家が自然栽培で作った山田錦を原料に、竹田城跡のふもとにある杉の薪を使って、施設内の工房で作るどぶろく。180ml のほかに 500ml、720ml のサイズがある。

並河商店
朝来市和田山町竹田363　旧木村酒造場EN内
090-1901-1946　10：00～17：00　不定休

但馬の中心として繁栄した
五万八千石の城下町・出石

但馬の小京都として、風情ある町並みを残す城下町、出石。但馬の国生み伝説の舞台ともなったこの町で、随所に残る歴史の足跡を楽しむコースを紹介する。全但バス出石営業所からまず向かうのは①出石永楽館。近畿最古の芝居小屋には、その風情が今なお残り、懐かしい気分に浸る。②出石家老屋敷では、敵からの襲撃に備える仕掛けが随所に見られる。登城橋を渡り、登城門から③出石城跡へ。伏見稲荷から勧請した37鳥居をくぐって157段の石段を上り詰めたところに稲荷台があり、ここから出石の町を一望することができる。そして出石のシンボル④辰鼓楼の真下へ。その左奥には、有子山城が見える。この山城と1600年以降の平城が一緒に存在していたのも出石の特徴だ。⑤出石史料館には、出石藩関連の史料や武具などが置かれている。出石のもう一つのシンボルともいえる⑥出石酒造酒蔵。味わい深い赤い土壁造りが印象的だ。たくあん漬けの考案者ともいわれる沢庵和尚ゆかりの寺が⑦宗鏡寺。名利を求めない沢庵は、大徳寺の高僧というポストを捨て生まれ故郷に帰り、この寺で庵を結んだそう。時間があれば、経王寺や見性寺など、砦代わりの寺院や、但馬一の宮・出石神社にも足をのばしたい。

時代
江戸〜明治

探訪エリア
豊岡市出石町

移動距離
約2.5km

所要時間
約２時間

費用
1,100円

スタート 全但バス 出石営業所バス停

約160m 徒歩2分

①出石永楽館

約190m 徒歩3分

②出石家老屋敷

約150m 徒歩3分

③出石城跡

約180m 徒歩3分

④辰鼓楼

約250m 徒歩4分

⑤出石史料館

約100m 徒歩1分

⑥出石酒造酒蔵

約350m 徒歩6分

⑦宗鏡寺

約1km 徒歩13分

ゴール 全但バス 出石営業所バス停

①出石永楽館

明治34（1901）年に開館し、歌舞伎をはじめ、寄席などを上演し大変栄えた芝居小屋。昭和39（1964）年に閉館したのち、平成20（2008）年に復元した。廻り舞台や奈落、花道などがそのまま残され、現在の公演で使用することも。毎年、片岡愛之助出演の「永楽館歌舞伎」が開かれる。

豊岡市出石町柳17-2
0796-52-5300
9：30 ～ 17：00（最終入館は16：30）
木曜休み　入館料300円

②出石家老屋敷

出石城内に唯一残る江戸時代の武家屋敷。いくつも並べられた畳の部屋や、書院造りの意匠などに上級武士のたたずまいを見せる。襲撃に備えて様々な工夫が凝らされており、正面からはわからないように2階も造られている。

屋敷の2階

豊岡市出石町内町98-9
0796-52-3416
9：30 ～ 17：00
（最終入館は16：30）
11月3日休み　入館料200円

③出石城跡

慶長9（1604）年、小出吉英により、有子山の麓に築かれた。最上段に稲荷曲輪、その下に本丸、次いで二の丸、東側に山里丸、西側に西の曲輪、平地に三の丸が配置された。築城当初からの算木積みが残る石垣もある。城下は外堀により町を囲い込む「惣構《そうがまえ》」の造りで、出石の町並みの基礎を作った。

37の鳥居と157の石段を上がって稲荷神社へ

豊岡市出石町内町
見学自由

有子山城とともに「続日本100名城」に登録

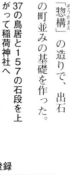

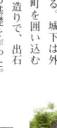

④辰鼓楼《しんころう》

旧三の丸大手門の一隅にあり、平山城を背に、わずかに残る内堀に影を映して立つ。辰の刻（午前8時）に太鼓を打ち鳴らして藩士に登城を知らせたことからこの名前が付いたそう。明治14（1881）年に医師、池口忠恕氏が大時計を寄付してから、日本最古の時計台として親しまれている。

⑤出石史料館

明治時代に生糸を商った豪商・福富家の本邸で、昭和52（1977）年より史料館として出石藩ゆかりの史料を中心に展示する。館内には、仙石騒動や藩政の記録をはじめ、江戸時代を中心に古代から近代までの出石の歴史を紹介している。

豊岡市出石町宵田78　0796-52-6556
9：30 ～ 17：00（最終入館は16：30）
火曜休み（祝日は除く）　入館料300円

⑥出石酒造酒蔵

深い味わいのある赤い土壁造りの酒屋。現在もすっきりした味わいの地酒「楽々鶴」を製造する。隣の販売所では試飲もできる。

豊岡市出石町魚屋114-1
0796-52-2222
9：30 ～ 19：00　不定休

⑦宗鏡寺《すきょうじ》

元中9（1392）年、山名氏の菩提寺として、此隅山の麓に創建された寺。山名氏の滅亡後、元和2（1616）年、荒廃した寺を再興したのが沢庵和尚。以来、京都紫野大徳寺派の但馬における中本山として、現在に至る。故郷の寺であることから「沢庵寺」とも呼ばれ、出石藩主の菩提寺としても栄えた。沢庵和尚手造りの名園は、県指定の文化財になっている。

豊岡市出石町東条33
0796-52-2333
9：00 ～ 16：00
拝観料300円

ゆかりのお土産

出石そばフィナンシェ

1個190円・1,000円（5個入り）

地元産そば粉とはちみつを使って焼き上げた洋菓子。そばのほんのりとした香りとはちみつの甘みが絶妙に合う。平成30（2018）年にデビューしたばかりで、出石ならではの一品。

いずし観光センター
豊岡市出石町内町104-7
0796-52-6045　8：30 ～ 17：30　無休

足をのばして

出石神社

但馬一の宮として但馬開発の祖神、天日槍《あめのひぼこ》と八種の宝が祀られている。『古事記』『日本書紀』にも名を連ねる山陰有数の大社。

豊岡市出石町宮内99
0796-52-2440
参拝自由

国生み神話ゆかりの地をめぐる（淡路島・南部編）

時代	古代
探訪エリア	南あわじ市
移動距離	約56km
所要時間	約7時間
費用	0円

おのころ島の舞台と伝えられる候補地は日本各地に存在するが、「聖地・おのころ島」の最有力候補地が沼島《ぬしま》といわれている。島全体が伊弉諾尊・伊弉冉尊による国土創世の時、「天の沼矛《あめのぬぼこ》」の先から滴り落ちたしずくが凝り固まってできた場所とされる。南あわじ市の沖合に浮かぶ周囲10キロの小島・沼島の、②上立神岩と⑤おのころ神社をメインにしたコースと、⑧自凝島神社とその周辺をめぐるコースを中心に紹介する。西淡三原ICから県道31・76号を経由して、沼島汽船土生営業所へ。ここから船で沼島へ渡る。10分間の船旅が旅情を高める。沼島に着いたら、まずは①吉甚で沼島の予習を。②上立神岩がきれいに見える絶景スポットまでは、道も舗装され歩きやすいコース。上りきったところのあずまやの上に展望台があるが、そこからよりも右側の坂を下りたところからの方が、岩の形がきれいに見える。同じ道を戻り③梶八角井戸や④沼島庭園（伊藤邸の庭）を見学し、⑤おのころ神社へ。１００段ほどの階段はきついが、境内は空気が澄んでいて聖地の風情たっぷり。⑥沼島八幡神社と⑦神宮寺にお参りを。ちなみに、おのころ神社のご朱印は、沼島八幡神社でいただくことができる。ここから港に向かう。（Ｐ１２０へ）

スタート **西淡三原IC**
車・船・徒歩41分

① **吉甚**
約1.1km 徒歩16分

② **上立神岩**
約1.2km 徒歩15分

③ **梶八角井戸**
④ **沼島庭園（伊藤邸の庭）**
約750m 徒歩15分

⑤ **おのころ神社**
約700m 徒歩13分

⑥ **沼島八幡神社**
⑦ **神宮寺**
徒歩・船・車45分

⑧ **自凝島神社**
約100m 徒歩1分

⑨ **天の浮橋**
約400m 徒歩5分

⑩ **葦原国**
約850m 徒歩11分

⑪ **屯倉神社跡**
約2.4km 徒歩・車15分

⑫ **大和大国魂神社**
約3.2km 車7分

⑬ **産宮神社**
約3.6km 車9分

ゴール **西淡三原IC**

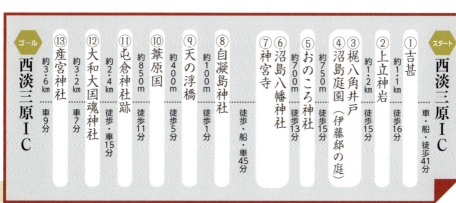

【おのころ島伝承】

淡路島には、おのころ島に関わる伝承が各地に伝わる。絵島、先山、成ケ島、おのころ島神社、沼島などがその候補地で、島外にも、鳴門海峡の飛島、姫路沖に浮かぶ家島、和歌山県の友ケ島などの説があがる。これらの場所はすべて古代の海人族が信仰の対象としていたところだ。沼島説では、沼島の「沼（ぬ）」は、古事記では、天の沼矛の「沼」であり、玉や魂に通じ、勾玉に代表される形状は、生命体などを表し、沼島は玉島ということになる。沼島は「沼矛の島」を地名の出来としているといわれ、国生み伝承の舞台といわれる巨大な奇岩「上立神岩」「下立神岩」が見られる。

①吉《よし》甚《じん》

平成25（2013）年にオープンした沼島総合観光案内所。もともと吉野甚平氏の生家だったところからの屋号だ。沼島に関する情報提供のほか、「沼島おのころクルーズ」や「観光ボランティアガイドぬぼこの会」の予約を受け付ける。またオリジナルの土産物も販売している。カフェも併設しているので散策前後に利用したい。

南あわじ市沼島2400
0799-57-0777
9：30～16：00　木曜休み

②上立神岩《かみたてかみいわ》

島の国生み神話に登場する「天の御柱《みはしら》」のモデルともいわれる高さ30メートルの奇岩。下手に昭和9（1934）年の倒壊まで中ほどに穴が開いていた下立神岩がある。これらは男女を象徴する一対の立神岩とされている。2つの岩の中間に位置する平バエは二神の契りの場、八尋殿《やひろでん》のモデルともいわれている。上立神岩の中央部がハート型にくぼんでいて、最近では夫婦円満・恋愛成就のパワースポットとしても人気だ。

③梶八角井戸

沼島庭園の入口にある井戸。沼島は井戸のことを「川」と呼び、この井戸も別名「王川」と呼ばれている。現在も枯れることなくきれいな地下水が湧いている。

④沼島庭園（伊藤邸の庭）

室町幕府10代将軍、足利義稙《よしたね》が造らせたと伝わる県内最古級の池泉観賞式庭園。背後にある王の森を風景に取り込みながら、沼島の特徴である緑色片岩や黒色片岩を利用した、力強い石組みが施された庭園だ。

庭園は神秘的な雰囲気が漂う

⑤おのころ神社

小高い山の上、まるで天に届くかのようにまっすぐな100段の階段を上ると、おのころ神社に到着する。天地創造の神である伊弉諾尊、伊弉冉尊の二神を祀っている。この山全体がご神体で、地元では「おのころさん」と呼ばれ親しまれている。入り口を間違える場合が多いので注意が必要だ。

0799-57-0777（吉甚）
参拝自由

山道を登っていった先に100段の階段がある

⑥沼島八幡神社

永享8（1436）年、梶原俊景が京都石清水八幡宮の分霊を、阿万八幡宮を通じて勧請し、創建したと伝えられる。かつては水軍の拠点であり、昔から海を生活のより所としてきた沼島の生活をうかがい知れる絵馬13額が掛けられ、全国的にも珍しい逆羅針盤が天井に奉納されている。御影石の石段は神門から上が33段の女坂、下が42段の男坂と呼ばれている。豊漁の神様が祀られており、海上安全と豊漁を祈るだんじり祭りが行われている。八幡さんの森と呼ばれる裏山の森は、手つかずの状態で残っており、樹齢約200年のスダジイやタブノキが生えている。

南あわじ市沼島2521
0799-57-0146
参拝自由

⑦神宮寺

元慶4（880）年に開基された由緒ある寺。宮寺でもあるこの寺の僧が、神官とともに沼島八幡神社の守護にあたった。梶原氏の菩提寺でもあったので、厨子、紺紙金泥経、曼陀羅など、数々の宝物は梶原氏の寄進と伝えられる。本堂の裏の傾斜地を利用し、岩盤を生かした「築山式枯山水庭園」は、市指定史跡名勝天然記念物。

南あわじ市
沼島2523
0799-57-0777
（吉甚）

足をのばして

おのころクルーズ

0799-57-0777（吉甚）
乗船料2,000円～（乗船人数により異なる）

島の周囲10キロを漁船で巡る約40分間の奇岩クルーズ。陸からでは見えない海からの奇岩の表情を楽しめる。恋愛成就のパワースポット・上立神岩や下立神岩を至近距離で見ることができる。また、『古事記』で伊弉冉命が、死後に住んだとされる黄泉の入口のモデルとされる穴口や、国生み神話の八尋殿《やひろどの》のモデルともいわれる平バエを見ることができる。また、地球のしわとも呼ばれる珍しい岩石「鞘型褶曲《さやがたしゅうきょく》」も沼島以外では、フランスとカナダでしか見られないものだ。引き潮の時には見学できる。

（P116より）

土生営業所から県道76・66号を経由して⑧**自凝島神社**へ。この神社がある榎列一帯にも「おのころ島伝承」が残る⑨**天の浮橋**⑩**葦原国**⑪**屯倉神社跡**の3つの遺跡があるが、駐車場は特にないので、神社から徒歩で回る方がよい。その後、県道66号を北上し、淡路二の宮である⑫**大和大国魂神社**へ。県道125号を経由して、⑬**産宮神社**へ向かう。そこでのお参りを終えたら西淡三原ICから帰路につく。

⑧自凝島《おのころじま》神社

遠くからもひときわ目立つ朱塗りの大鳥居。高さ21・7メートルで、日本三大鳥居の一つといわれる朱塗りの大鳥居で有名な神社。伊弉諾尊と伊弉冉尊の国生みの二神を祀る神社。古事記・日本書紀の国生み神話によると、二神が、天の浮橋に立って、天の沼矛《ぬぼこ》で青海原をかき回し、その矛から滴る滴がおのずと凝り固まってできたのが「自凝島《おのころじま》」で、この場所ともいわれている。境内にある「鶺鴒石《せきれいいし》」はパワースポットとしても有名で、休日ともなれば縁結びを求める女子が行列をなすそう。お砂所には「安産の塩砂」もあり、日本発祥の地として「生み」のパワーにあふれている。

鶺鴒石

南あわじ市榎列
下幡多415
0799-42-5320
9：00 ～ 17：00
参拝自由

⑨天の浮橋

自凝島神社より西へ400メートル、榎列小学校そばにある。伊弉諾尊と伊弉冉尊の二神がここに降り立ったと伝わる。「淡路名所図会」や「淡路国名図会」にも描かれており、当時有名であったと思われる。

南あわじ市榎列　見学自由

⑩葦原国《あしはらのくに》

三原地域一帯は、古事記と日本書紀に登場する「葦原《あしはら》の国」とも言われている。「葦原の国」とは、二神が創られた日本国土全体を指す言葉で、そこでは海辺に葦が繁っており、その中に五穀豊穣の沃土があるとされている。自凝島神社より西へ800メートルのところにある。

南あわじ市榎列
見学自由

⑪屯倉《みやけ》神社跡

大和朝廷が全国を統一しはじめた4~5世紀ごろ、淡路も統治下に置かれた。直轄領を「屯倉《みやけ》」と呼び、朝廷に納める米や物資などを保管する倉庫の役割を果たした。日本書紀に「仲哀天皇二年、淡路に屯倉を置く」との記述がある。現在も屯倉神社跡があり、淡路の屯倉はこの辺りにあったのではないかと推測される。

南あわじ市榎列大榎列
見学自由

⑫大和大国魂《やまとおおくにたま》神社

南あわじ市榎列上幡多857
参拝自由

奈良の大和坐大国魂神社（大和神社）を勧請した神社で、淡路の二の宮。９世紀には既に官社であり、延喜式では名神大社に列する古社である。ご祭神はかつて伊弉諾尊・伊弉冉尊とされていたが、現在は大和大國魂命である。近世になって阿波藩主である蜂須賀家の崇敬を受け社殿が再興された。鎌倉中期の僧として知られる一遍上人が正応２（１２８９）年に参詣し、「名にかなふ　こころは西にうつせみの　もぬけはてたる　聲ぞすずしき」という和歌を奉納。この神社を拠点にして念仏布教を行ったともいわれている。

⑬産宮《うぶのみや》神社

南あわじ市松帆
参拝自由

産宮神社は、仁徳天皇の子で第十八代反正天皇（西暦４０６年即位）生誕の伝説をもつ神社で、瑞井宮とも記される。淡路島は大和朝廷の御糧地として深い関わりがあり、この地域には鳥獣が多く棲んだため大和朝廷の狩猟地とされ、淡路宮が置かれていた。『古事記』、『日本書紀』には、仁徳天皇が遊猟した折に淡路宮で反正天皇が誕生したため、神社の瑞井（産湯池）の水を産湯としたと記されている。現在倭文川沿いの水田の中に建つ神社は、社殿こそ新しくなっているが、周辺は当時の雰囲気をよく残しており、今でも安産の神様として信仰を集めている。

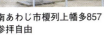

足をのばして

道の駅うずしお

日本で最も「うずしお」に近い兵庫県最南端の道の駅。館内には、大鳴門橋を間近に臨むレストラン＆カフェがあり、鮮度と素材の旨みを生かした淡路島ならではのランチが充実している。ショップでは、ここでしか手に入らないオリジナル商品をはじめ、契約農家直送のタマネギ、海産物など、島内最大級の品ぞろえを誇る厳選のみやげものが並ぶ。さらにご当地バーガーグランプリで全国に名を馳せた「あわじ島バーガー淡路島オニオンキッチン本店」も併設している。展望台からは鳴門海峡を一望できる。

南あわじ市福良丙947-22　0799-52-1157
9：00～17：00　木曜休み

ゆかりのお土産

地酒「都美人」

淡麗主流の時代にも時の流れにおもむかず、酒造りの本流である手間ひまかけた山廃仕込をかたくなに守り続けて造る酒。全国的にも珍しい「天秤搾り」や合鴨農法で有機無農薬の酒米を栽培している。酒蔵見学（要予約・9：00～12：00、13：00～16：00）もできる。

都美人酒造
南あわじ市榎列西川247　0799-42-0360
9：00～17：00　土・日曜、祝日休み

丹波
但馬
播磨
摂津
AWAJI
淡路
その二

国生み神話ゆかりの地をめぐる
（淡路島・北部編）

日本最古の歴史書『古事記』の冒頭を飾る「国生み神話」の舞台、淡路島。男神である伊弉諾尊《いざなぎのみこと》と女神の伊弉冉尊《いざなみのみこと》の二柱が、天上から天の沼矛《ぬぼこ》で大海原をかき回したとき、矛の先から滴り落ちたしずくが固まったのが「おのころ島」。二神はそこで夫婦の契りを結び誕生したのが「淡路島」と伝わる。「おのころ島」の候補地は島内に複数ある。岩屋の絵島や、日本最古の神社として建てられた⑤伊弉諾神宮や二神が最初に創った山にある⑥先山《せんざん》千光寺など、北部の見どころをめぐるコースを紹介する。神戸淡路鳴門自動車道淡路ICで下りて岩屋漁港方面へ。フェリー乗り場の駐車場から①絵島へ。絵島はその造形美から「おのころ島」の伝承地といわれている。歩いて②岩樟神社に向かう。県道31号経由で③貴船神社遺跡へ。古墳時代に活躍した「海人《あま》」の軌跡を見ることができる。今度は東海岸に。久留麻交差点から国道28号を南へすぐのところにある④伊勢久留麻神社は、淡路二の宮だ。国道をさらに南へ下り、志筑交差点から県道88号経由で⑤伊弉諾神宮へ。日本最古の神社は凛とした雰囲気が漂い、背筋が伸びる。最後は⑥先山千光寺に向かう。洲本ICから帰途につくが、ETC搭載車は、淡路島中央スマートICを利用するとよい。

時代
古代

探訪エリア
淡路市・洲本市

移動距離
約60km

所要時間
約５時間

費用
0円

スタート
淡路IC
約1.5km 車8分
①絵島
約250m 徒歩3分
②岩樟神社
約7.2km 車14分
③貴船神社遺跡
約12km 車21分
④伊勢久留麻神社
約19.4km 車29分
⑤伊弉諾神宮
約14.4km 車32分
⑥先山千光寺
約8km 車19分
ゴール
洲本IC

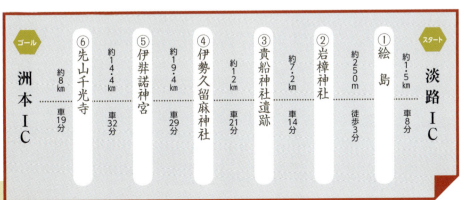

①絵島

古事記・日本書紀のなかで、「おのころ島」とも伝承される小島。高さ約20メートル、周囲約400メートルの絵島は、まわりの風景との調和が見事で、古くから景勝地として知られていた。月見の名所としても知られ、平安末期の歌人・西行など多くの歌人に詠まれている。絵島の頂上にある石塔は、平清盛が大輪田泊（現在の兵庫港）を築港するときに人柱となった松王丸（平清盛の小姓）を祀ったもの。

淡路市岩屋
見学自由

②岩樟《いわくす》神社

岩屋港の向かいの岩屋城跡がある城山の崖下に祀られた神社。伊弉諾尊と伊弉冉尊の二柱の間に最初に生まれた蛭子命《ひるのみこと》は、体がうまくできあがってなかったために、葦舟《あしふね》に乗せられて流されてしまった。その舟が流れ着いた場所が西宮神社であり、「西宮のエビスさん」の本家は岩屋であるという伝説も残る。またここの洞窟は、伊弉諾尊が隠れた幽宮《かくりのみや》であるとも伝わる。手前には、蛭子命《えびすのみこと》と事代主命《ことしろぬしのみこと》の二柱をご祭神とする恵比須神社がある。

淡路市岩屋
見学自由

③貴船神社遺跡

島内には多くの遺跡が点在し、銅鐸や鉄器など、国内から注目を集める貴重な遺物が出土する。その歴史には、古墳時代に活躍した「海人《あま》」と呼ばれた海の民の存在が大きく関係する。彼らは優れた航海術で大陸から先進文化を取り入れ、塩の生産術にも長けていたそうだ。この遺跡は、弥生時代から古代にかけ、淡路島の海人が製塩を行っていたとされる製塩遺跡だ。熱効率を上げるために炉底に石を敷き詰めた石敷炉が、兵庫県で初めて発見された貴重な遺跡となっている。

淡路市野島平林
緑の道しるべ大川公園
見学自由

④伊勢久留麻《いせくるま》神社

古《いにしえ》のロマン漂う神秘的な神社。ご祭神は天照大神の別名である大日霊貴尊《おおひるめのむちのみこと》。第三十代敏達天皇（527～585）の頃、伊勢国奄芸郡久留真神社を奉還し、建築されたと伝わる。延喜式によると淡路十三社の三番目に記される淡路三の宮だ。北緯34度32分の「太陽の道」に関するNHK特集で「西のお伊勢さん」として紹介された。箸墓《はしはか》古墳を中心に、伊勢斎宮跡、室生寺、長谷寺、三輪山などを通る太陽の道の線上にある舟木石上神社に向いて建っており、古代の太陽信仰の拠点であった可能性がある。

淡路市
久留麻2033-2
参拝自由

⑤伊弉諾《いざなぎ》神宮

伊弉諾尊が余生を過ごしたという終焉の地に建てられた日本最古の神社で、国生みの大業を果たした伊弉諾尊と伊弉冉命の二柱の神を祀っている。古事記・日本書紀の神代巻に創祀の記載があり、淡路一の宮として古代から全国の崇敬を集めている。延喜式名神大社、三代実録神格一品、旧官幣大社で、兵庫県唯一の「神宮号」を宣下された神社。太古から崇敬が篤く「いっくさん」と親しまれ、境内にある樹齢約900年の「夫婦大楠」は、夫婦円満、安産子授け、縁結びなど、若い世代にも信仰されている。また、境内の石碑「陽の道しるべ」には、伊勢の皇大神宮（内宮）や出雲大社、熊野那智神社といった、縁ある神社が、この神宮を中心とした太陽の起動と深くかかわりがあることが記されているなど、不思議なつながりを持つ神社としても知られている。

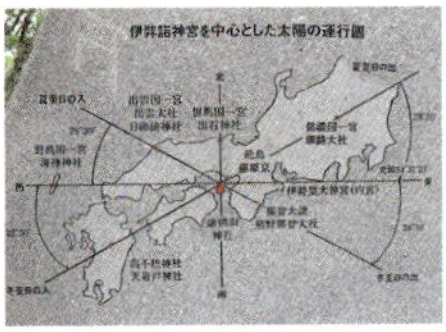

淡路市多賀
0799-80-5001
参拝自由

⑥先山千光寺《せんざんせんこうじ》

先山は伊弉諾尊、伊弉冉尊の二神が国生みのとき、最初に創った山といわれ、その優美なシルエットから「淡路富士」とも呼ばれている。千光寺は先山山頂にあり、古くから人々の信仰を集めてきた。人猪に化身した千手千眼観世音菩薩に導かれた狩人が、この地に寺を開基したという不思議な縁起も伝わっている。そこから狛犬ならぬ狛猪が本堂前で参拝者を迎える。標高418メートルの山頂に、本堂、三重塔をはじめ、運慶作と伝わる仁王像や鐘楼、伊弉諾尊や伊弉冉尊が祀られた祠があるとは思いもよらず、その立派な伽藍に圧倒される。淡路西国、淡路四国、淡路島十三仏、各霊場の第一番札所にふさわしい名刹。

洲本市上内膳2132
0799-22-0281
6：00～17：00
拝観料無料

足をのばして

岩戸神社

先山の頂上付近にあり、見上げるようにそびえる高さ約8メートルの巨大な岩がご神体。その巨岩には大きな割れ目があることから、天照大神が隠れた天岩戸だともいわれ、天照大神を祀っている。

千光寺から徒歩で下るが、急で手すりのない険しい道なので注意して歩こう。

洲本市上内膳2132-7

た

な

は

ま

や・ら・わ

INDEX

あ

か

さ

●ご協力いただきました各団体・個人のみなさまにお礼を申し上げます。

ひょうご観光ボランティア
西 智規（神戸市須磨区在住）
NPO法人社会還元センター グループ "わ" 有馬観光ガイド・ボランティア
近松かたりべ会
川西市文化財ボランティアガイドの会
猪名川町地域振興部産業観光課
猪名川町観光ボランティアガイドの会
播州黒田武士の館
一般社団法人明石観光協会
ぶらり子午線観光ガイド連絡会
高砂歴史ガイドクラブ
ガイドボランティアみき
一般社団法人赤穂観光協会
播州赤穂観光ガイド協会
坂越まち並みを創る会
龍野ふるさとガイド
ふるさと案内人の会（加古川）
丹波柏原ふるさとガイドクラブ
生野まちづくり工房井筒屋内ボランティアガイド
（株）シルバー生野
竹田城跡ボランティアガイド
朝来市産業振興部観光交流課
（株）出石まちづくり公社
NPO法人但馬國出石観光協会
沼島総合観光案内所・吉甚

兵庫 ぶらり歴史探訪ルートガイド

2018年10月15日　第1版・第1刷発行

著　者　兵庫五国探訪の会（ひょうごごこくたんぼうのかい）
発行者　メイツ出版株式会社
　　　　代表者　三渡 治
　　　　〒102-0093 東京都千代田区平河町一丁目1-8
　　　　TEL：03-5276-3050（編集・営業）
　　　　　　　 03-5276-3052（注文専用）
　　　　FAX：03-5276-3105
印　刷　三松堂株式会社

●本書の一部、あるいは全部を無断でコピーすることは、法律で認められた場合を除き、著作権の侵害となりますので禁止します。
●定価はカバーに表示してあります。
©Office あんぐる,2018.ISBN978-4-7804-2081-4 C2026 Printed in Japan.

ご意見・ご感想はホームページから承っております。

メイツ出版ホームページアドレス http://www.mates-publishing.co.jp/

編集長：折居かおる　　副編集長：堀明研斗
企画担当：堀明研斗